하드골

HARD GOALS : The Secrets to Getting from Where You Are to
Where You Want to Be by Mark Murphy

# 하드골

초판 1쇄 발행 | 2011년 12월 19일
초판 2쇄 발행 | 2012년  1월 20일

**지은이** | 마크 머피
**옮긴이** | 강정임
**펴낸이** | 공혜진
**펴낸곳** | 도서출판 서돌
**편집** | 김진희
**마케팅** | 임채일
**경영지원** | 김복희
**디자인** | 남미현

**출판등록** | 2004년 2월 19일 제313-2004-239호
**주소** | 서울시 마포구 서교동 396-58
**전화** | 02-3142-3066
**팩스** | 02-3142-0583
**메일** | editor@seodole.co.kr
**홈페이지** | www.seodole.co.kr

ISBN 978-89-91819-62-7 03320

* 책값은 뒤표지에 있습니다.
* 잘못 만들어진 책은 구입하신 서점에서 교환해드립니다.
* 이 도서의 국립중앙도서관 출판시도서목록(CIP)은 e-CIP 홈페이지(http://www.nl.go.kr/ecip)
  에서 이용하실 수 있습니다. (CIP제어번호 : CIP2011005160)

# HARD
## GOALS 하드골

### 어려운 목표가 성장을 이끈다

마크 머피 지음 | 강정임 옮김

서돌

차례

# 목표를 성취하는 기술, 하드 골

나는 당신이 정말 중요한 무언가를 성취하고 싶어 한다는 것을 알고 있다. 회사를 두 배로 성장시키든, 체중을 10킬로그램 감량하든, 마라톤을 완주하든, 조직에서 승진하든, 혹은 엉망진창인 지구를 통째로 바꾸든, 당신은 인생에서 중대하고 의미 있는 무언가를 하고 싶어 한다. 당신은 자신의 운명을 통제하고 싶어 하며, 추구해야 할 심오한 목표가 있다.

내가 당신을 이렇게 잘 알고 있는 이유는, 바로 당신이 이 책을 읽고 있기 때문이다. 만약 큰 목표나 성과를 원하지 않는 사람이라면 이 책을 두려워하고, 피하려 할 것이다. 그들은 그저 시간이 지나길 바라며, 성취의 기쁨을 맛보지 못했다는 사실에 개의치 않는다. 하지만 이 책을 읽고 있는 당신은 그들과는 다르다.

회사나 가정에서, 업무적으로나 개인적으로 아니면 국가적으로 수많은 도전에 직면해 있는 우리는 동시에 커다란 성취의 기회를 함께 얻는다. 그런데 어떻게 해야 성과를 낼 수 있을까? 어떤 사람들은 헛수고만 계속하고 있을 때, 왜 어떤 사람들은 커다란 성과를 내는 것일까?

젊고 건강한 몸매를 유지하며 직장에서도 능력을 인정받고, 아이들의 학교 행사에 빠짐없이 참석하면서도 올해 들어서만 벌써 네 번째 마라톤을 완주한 직장 여성도 있고, 최악의 불황에서도 매출을 1,200퍼센트 성장시킨 기업가도 있으며, 스티브 잡스Steve Jobs 나 제프 베조스Jeff Bezos처럼 경이롭고 혁신적인 상품을 끊임없이 개발하는 CEO들도 있다.

그들은 남들보다 더 동기부여되고, 더 훈련된 것일까? 대답은 '그렇다'이다. 하지만 그들이 그토록 동기부여되고 훈련될 수 있었던 것은 바로 그들에게 하드 골Hard Goals이 있었기 때문이다.

## 누구나 목표를 세울 수 있다

하드 골이란 '진심 어리고Heartfelt', '생생하고Animated', '필수적이며Required', '어려운Difficult' 목표를 뜻한다. 그러나 이것만으로는 하드 골에 대한 설명이 부족하다.

이 세상에서 당신이 완벽하게 통제할 수 있는 흔치 않은 몇 가지 중 하나가 바로 당신의 목표다. 당신은 성취하고 싶은 그 무엇이든 목표로 설정할 수 있다. 당신은 체중을 줄이겠다는 목표를 세울 수 있고, 회사 수익을 두 배 늘리겠다는 목표를 세울 수 있다. 잘못된 금융제도를 개선하거나, 원유 유출 사고를 방지하거나, 세계 경제를 발전시키겠다는 원대한 목표를 세울 수도 있다.

하지만 아이폰이 휴대전화에 대한 우리의 생각을 바꿔놓았듯, 하드 골 또한 목표에 대한 우리의 생각을 바꿔놓을 것이다. 하드 골은 지금까지 일반적인 사람들이 설정해왔던 전형적인 목표와 다르다. 사실, 이 특별한 목표는 일반적인 목표와 상당히 큰 차이가 있기 때문에 그 두 가지를 똑같이 '목표'라고 부르는 것은 죄악에 가깝다. 아이패드를 개발하거나, 마라톤을 완주하거나, 매출을 증가시키거나, 엄청난 체중을 감량하는 등 모든 성공을 이끈 목표들은 대부분의 사람들이 습관적으로 설정하는 목표와 완전히 다른 방법으로 우리의 뇌를 자극한다. 크건 작건 어려운 목표를 달성했던 사례들을 살펴보면, 더 동기부여되고 더 훈련받은 사람들이 목표를 달성했던 것이 아니라, 목표 자체가 사람들을 동기부여하고 훈련에 대한 욕구를 불러일으켰음을 알 수 있다.

## 목표를 설정하는 것만으로는 충분하지 않다

대부분의 사람들이 살면서 수없이 많은 목표를 세운다. 새해가 되면 많은 사람들이 체중을 감량하겠다고, 담배를 끊겠다고, 꾸준히 운동을 하겠다고, 돈을 저축하겠다고 굳게 다짐한다. 기업의 경영자들은 기업의 공식적 목표, 비전 등을 발표하고, 직장인들은 개인별 업무 목표를 설정한다. 더 많은 돈을 벌고 싶고, 더 멋진 몸매를 갖고 싶고, 더 성공하고 싶고, 더 좋은 집에서 살고 싶은 것, 이 모든 것들이 바로 목표다. 그러나 이렇게 다양한 목표가 넘쳐나도, 대부분 목표를 달성하지 못한다.

내가 경영하는 회사 리더십 아이큐Leadership IQ에서는 사람들이 직장에서 수행하는 목표에 대해 알아보기 위해 직장인 4,182명을 대상으로 연구를 실시했다. 연구 결과, 놀라운 사실이 밝혀졌다. 직장인 중 겨우 15퍼센트만이 올해 세운 목표가 앞으로 중대한 일을 성취하는 데 도움이 될 것이라고 믿었다. 그리고 자신이 세운 목표가 자신의 잠재력을 최대한 발휘하는 데 도움이 된다고 생각한 사람은 고작 13퍼센트에 불과했다.

어떻게 이런 결과가 나올 수 있을까? 수없이 쏟아져 나오는 자기계발서들은 원하는 것을 종이 위에 쓰기만 하면 그 꿈이 이루어질 것이라고 주장한다. 기업들은 직원들이 각자의 목표를 설정하고 이루어낼 수 있도록 돕기 위해 '스마트 목표SMART Goals'라는 목표 설정 프로세스를 사용한다. 그리고 사람들은 새해가 밝으면 늘 그래왔듯이 이런저런 목표를 세운다. 지금 이 세상에 목표는 차고 넘친다. 하지만 왜 우리는 매번 '실패'하는 걸까? 간단하게 말하자면, 우리가 설정한 목표 대부분이 그 목표를 적은 종이쪽지만큼이나 의미가 없기 때문이다.

# 스티브 잡스와 세 살배기 아이의 공통점은 무엇일까?

우리가 매일같이 설정하는 수많은 목표가 얼마나 부질없는지 설명하기 위해 이런 괴상한 질문을 한번 던져보겠다.

"스티브 잡스와 세 살배기 아이의 공통점은 무엇일까?"

이 둘 사이에 무슨 관계가 있을까 의아해하는 사람들이 많을 것이다. 얼핏 봐서는 전혀 공통점이 없어 보인다. 스티브 잡스는 아이폰과 아이패드 등 자신이 개발하는 상품으로 산업 전반을 개혁하길 원했고, 세 살배기 아이는 그저 주방 식탁 위에 놓인 과자를 먹고 싶어 한다. 하지만 조금 더 깊이 생각해보면 둘 사이의 공통점을 발견할 수 있다. 그들은 정신적으로 매우 유사한 체계를 갖고 있으며, 그들의 목표에는 상당한 공통점이 있다.

첫째, 그들의 목표는 '진심 어린' 것이다. 스티브 잡스와 아이 모두 자신들의 목표에 감정적으로 완전히 몰입해 있다. 스티브 잡스는 아이패드를 들고 자신에게 가장 의미 있는 제품이라고 말했다. 이는 세 살배기 아이가 과자를 손에 쥐었을 때 느끼는 감정과 일치한다. 아이패드와 과자는 그 둘에게 절대 물러서거나 포기할 수 없는 경지의 의미이자 목표인 것이다.

둘째, 그들의 목표는 '생생하다'. 목표는 생기 있고 분명한 이미지로 머릿속에 각인되어 있다. 스티브 잡스는 '아이패드 65만 7,000대 판매 달성'이라고 적은 종이를 벽에 붙여두지는 않았다.

대신 그는 자신이 개발한 멋진 태블릿PC를 이용해 사람들이 신문을 읽고, 책을 정독하고, 영화를 감상하는 모습을 마치 한 편의 영화를 보듯 상상했다. 그는 이 기계가 어떤 모양일지, 사람들이 어떻게 사용할지, 박스에서 처음 꺼냈을 때 어떻게 반응할지까지 선명하게 떠올릴 수 있었다. 이는 마치 세 살배기 아이가 저 멀리 식탁 위에서 빛나는 과자그릇을 언뜻 보고도 동그랗고 달콤한 과자가 입 안에서 녹을 때 얼마나 기분이 좋을지 생생하게 상상하는 것과 같다. 그 유혹이 너무 커서 세 살배기 아이는 과자가 자신의 것이 될 때까지, 과자를 입에 넣는 자신의 목표가 달성될 때까지 온통 과자를 먹는 모습으로 머릿속이 가득하다.

셋째, 그들의 목표는 '필수적'이다. 그들은 그 목표를 달성해야만 하고, 만약 그렇지 못할 경우 마치 세상이 끝난 듯 절망하고 좌절한다. 따라서 그들은 그 목표를 달성하는 데 죽기 살기로 매달린다. 스티브 잡스는 간 이식 수술을 받고 회복하는 동안에도 아이패드를 개발하기 위해 연구에 몰두했다. 그리고 아이를 키워본 부모라면 다 알겠지만, 세 살배기 아이는 자신이 정말 좋아하는 과자나 장난감을 빼앗길 경우, 마치 세상이 무너지기라도 한 듯 난리를 피운다.

마지막으로 그들의 목표는 '어렵다'. 누구나 쉽게 손에 넣을 수 있을 만큼 평범하고 쉬운 목표라면 그들은 금방 흥미를 잃는다. 사람들의 정보 습득 방식을 바꿔놓는 것이든, 아니면 도저히 손이 닿지 않는 높은 식탁 위로의 모험이든(아기에게 식탁에서 떨어지는 것은 마치 지붕에서 떨어지는 것만큼 아찔한 일이다), 그들은 미지의 세계에 기꺼이 발을 들여놓는다. 그 둘 모두에게 새로운 도전은 조금은 두려운 일이고, 목표를 성취하기 위해서는 새로운 기술도 익혀야 하지만, 오히려 그렇기 때문에 생기와 활기가 넘친다.

의도적이든 본능적이든, 스티브 잡스와 세 살배기 아이는 진심어리고 생생하고 필수적이며 어려운 목표라는 **하드 골**의 4대 요소를 활용했다. 만일 당신이 자신이 세운 목표와 감정적으로 하나가되고, 그 목표를 생생하게 보고 느낄 수 있고, 그 목표가 당신에게 필수적이라 생각하고, 그리고 그 목표가 당신의 한계를 시험한다면, 당신의 뇌는 생기를 되찾고 신경세포들은 자극과 흥분의 신호를 온몸에 전달할 것이다.

이것이야말로 성과가 뛰어난 사람들과 그렇지 못한 사람들로구분하는 가장 큰 특징이다. 목표는 일상적인 습관이나 타고난 능력으로, 또는 종이 위에 수없이 쓰는 것으로는 이룰 수 없다. 목표를 성취하게 하는 것은 당신의 뇌다. 당신의 뇌가 **하드 골**로 인해의기충천할 때, 목표를 달성하는 데 필요한 다른 모든 요소들은 저절로 제자리를 찾는다. 그러나 당신의 뇌가 목표를 따분하게 여길경우, 세상에 존재하는 어떤 의식이나 수련법도 목표 달성에 아무런 도움이 되지 못한다.

사람들이 스티브 잡스나 과자를 원하는 아이처럼 자신이 세운목표를 달성하지 못하는 이유는 대부분 부적합하고 불완전한 목표를 설정하기 때문이다. 안타깝게도 이러한 실수를 계획적으로 저

지르기도 한다.

예를 들어, 많은 기업들이 '스마트 목표'라고 불리는 목표 설정 프로세스를 활용한다. 그들은 '구체적이고Specific, 측정 가능하며Measurable, 성취할 수 있고Achievable, 현실적이며Realistic, 시간을 제한하는Time-Limited' 방식으로 목표를 설정한다. 일단 '성취할 수 있는' '현실적인' 목표는 '어려운' 목표와 반대되는 개념으로, 이미 당신의 뇌는 목표에 흥미를 잃고 만다. 스티브 잡스는 다른 사람들이 불가능하다고 말한 일들을 이루어냈으며, 그가 설정한 목표 가운데 '성취할 수 있는' '현실적인' 목표는 단 하나도 없었다.

'구체적인' 목표는 얼핏 그럴듯하게 들리지만, 사실은 목표에서 생명력을 앗아간다. 많은 사람들에게 '구체적'이라는 것은 목표를 숫자로 환산해 글로 명시하는 것을 의미한다. 예를 들면, '나는 체중을 10킬로그램 줄이고 싶다'라고 종이에 적어 붙여놓는 식이다. 하지만 이런 목표는 스티브 잡스를 비롯해 위대한 업적을 이루어낸 많은 사람들이 생생하게 떠올리는 이미지에 비하면 완전히 김빠진 목표이다. 물론 그들도 숫자를 사용하지만, 그들은 체중을 10킬로그램 감량했을 때 자신의 몸매가 어떨지, 어떤 옷을 입게 될지, 더 이상 체중 감량에 대한 부담 없이 사는 게 어떤 느낌일지를 생생하게 알고 있었다. 그들에게 10킬로그램은 단순히 추상적인 숫자가 아니라, 마치 이미 일어난 일처럼, 정말로 실감나게 느끼는 미래에 대한 비전이다.

사람이든 조직이든 목표 설정 양식을 채우느라 급급해 "이 목표는 도전해볼 만한 가치가 있는가?"라는 가장 중요한 질문에 답하는 것을 등한시하는 경우가 많다. 당신의 목표가 정말 도전해볼 만한 가치가 있다면, 이제 이 목표를 어떻게 마음속에 각인시킬지, 어떤 장애물을 만나도 포기하지 않고 필사적으로 매달릴 만큼 절대적인 신념으로 바꿀 수 있는 방법은 무엇인지 스스로에게 물어보아야 한다.

## 당신은 전에 해본 적이 있다

부적절하게 세워진 목표들로 인해 수없이 많은 실패를 경험했음에도 불구하고, 다행스러운 일은 누구나 엄청난 성과를 도출할 수 있는 목표를 세울 능력을 지녔다는 것이다. 내가 장담하는 이유는 당신에게 이미 그런 경험이 있기 때문이다.

지금까지 당신이 달성한 가장 의미 있었던 목표를 떠올려보라. 그것은 마라톤을 완주한 것일 수도, 회사 매출을 두 배 성장시킨 것일 수도, 체중을 15킬로그램 감량한 것일 수도, 특정 분야에서 가장 혁신적인 제품을 개발한 것일 수도 있다. 이제 다음 질문에 답해보라.

■ 이 목표는 나에게 도전의식을 불러일으켰으며, 나를 '컴포트 존comfort zone. 특정 행위를 불안해하지 않고 행할 수 있는 심리적 공간의 한계-옮긴

이' 밖으로 밀어냈는가?

- 나는 이 목표에 대해 깊은 애착을 느꼈는가?
- 나는 이 목표를 달성하기 위해 새로운 기술을 배워야만 했는가?
- 나는 이 목표를 절실하게 느끼고 시간과 노력을 아낌없이 투자했는가?
- 나는 이 목표를 달성한 후의 나의 모습을 생생하게 떠올릴 수 있었는가?

장담하건대, 당신의 인생에서 가장 위대한 성과를 도출했던 그 목표는 분명 당신의 도전의식을 불러일으켰고, 대단한 애착을 갖게 했고, 시각적으로 매우 생생했으며, 반드시 필요한 목표였을 것이다. 그리고 당신이 그 목표를 이룬 순간, 그때까지 경험하지 못했던 커다란 성취감을 느꼈을 것이다.

우리가 수행한 목표 관련 연구에서 발견한 가장 중요한 사실은 하드 골을 설정했던 사람들이 쉬운 목표를 설정했던 사람들보다 75퍼센트나 더 많은 성취감을 느꼈다는 것이었다. 평범한 사람들은 거대한 성과를 이루는 사람들을 보면서 "그 사람들은 모든 것을 얻었지만 인생은 불행했을 거야"라고 쑥덕대며 그들의 성과를 비하하고 싶겠지만, 사실 그들은 능력 이하의 성과를 낸 동료들에 비해 훨씬 행복했다.

# 지금 이 세상에 필요한 것은 하드 골이다

사실 이 세상은 온통 **하드 골**로 가득하다. 지금 이 순간에도 우리는 개인적으로 또한 사회적으로 수없이 많은 도전에 직면해 있다. 테러리즘, 전쟁, 경제 불황, 원유 유출, 부패, 재정 적자, 실업, 의료제도의 문제 등이 끝없이 이어지며, 지구의 한편에서는 비만과 싸우는 가운데 다른 한편은 기아에 허덕이는 것처럼 사회적으로 중요한 이슈들이 산적해 있다. 게다가 구직, 승진, 학업, 금연, 건강 등 개인적인 문제들도 해결해야 한다.

문제는 '이러한 도전을 어떻게 받아들일 것인가?' 이다. 더 크게 생각하고 용기를 내어 의욕적으로 문제를 해결할 것인가? 아니면, 별일 아니라며 무시하고 피할 것인가? 아마도 대개는 자신에게 닥친 시련 자체를 부인하거나, 다른 사람 탓으로 돌리거나, 갖가지 이유를 대며 변명하거나, 너무 두려운 나머지 구석으로 숨어버릴 것이다. 혹은 쉽고 편한 목표들을 달성하는 데 만족하면서 언젠가는 모든 문제가 해결될 것이라는 실낱같은 희망을 걸고 있을지도 모른다.

우리가 근대문명을 지금까지 이어올 수 있었던 것은 **하드 골**을 설정할 줄 아는 지도자들이 있었기 때문이다. 게티즈버그 연설에서 에이브러헴 링컨Abraham Lincoln은 "국민의, 국민에 의한, 국민을 위한 정부가 이 땅에서 사라져서는 안 된다"라는 **하드 골**을 세우고 이를 달성하기 위해 미국인들의 투쟁 의지를 불타오르게 만들었다. 존 F. 케네디John F. Kennedy는 "앞으로 10년 안에 인간을 달에 착륙시키고 무사히 지구로 귀환시키겠다"는 하드 골을 국민 앞에서 선언했고, 로널드 레이건Ronald Reagan은 "고르바초프Gorbachev, 이 벽을 허무시오!"라는 하드 골을 요구했으며, 윈스턴 처칠Winston Churchill은 "어떤 희생을 치르더라도 우리는 싸울 것이다. 우리는 해변에서도 싸울 것이고, 비행장에서도 싸울 것이며, 들판과 거리에서도 싸울 것이고, 언덕에서도 싸울 것이다. 그리고 우리는 결코 항복하지 않을 것이다"라고 자신의 하드 골을 확실하게 밝혔다.

오늘날 세상이 무척 불안정하다는 사실을 우리는 잘 알고 있다. 그리고 당신과 나는 부정이나 책망, 변명, 근심이 이러한 상황을 전혀 개선하지 못한다는 사실 역시 잘 알고 있다. 비록 현재의 상황이 두렵기는 해도, 이 순간 당신이 가지고 있는 에너지를 모두 끌어 모아 위대한 성과를 이끌어내야 한다. 회사를 성장시키든, 체중을 감량하든, 마라톤을 하든, 엉망진창인 이 세상을 바꾸든, 우리는 하드 골이라는 안장에 올라 전속력으로 달려야만 한다.

## 자, 이제 달리자

이제 어디로 가야 할까? 지난날의 놀랍도록 영광스러웠던 기분을 다시 느끼려면, 그리고 그날의 위대한 성과와 행복을 지금 이 자리에서 다시 재현하려면 어떻게 해야 할까? 다시 말해서, 하드 골을 어떻게 설정하고 달성할 것인가?

나는 앞으로 4장에 걸쳐 하드 골을 이루는 각각의 요소들은 무엇이며, 어떻게 해야 그 목표들을 설정하고 실행할 수 있는지 설명할 것이다. 각 장의 내용을 간략히 소개하면 다음과 같다.

## 1장 진심 어린 목표

만일 당신이 자신이 세운 목표에 관심을 갖지 않는다면, 과연 무엇이 당신에게 동기를 불러일으켜 그 목표를 달성하게 만들 수 있겠는가? 1장에서 당신은 목표와 내재적·개인적·외부적으로 하나가 되려면 어떻게 해야 하는지 배울 것이다. 당신이 지금까지 '나는 이 목표를 꼭 달성해야 해. 그런데 도무지 실행할 힘이 나지 않아'라고 느꼈다면, 이 장을 읽은 후에는, '나는 하루빨리 이 목표를 이루고 그 결과를 맛보고 싶어. 그 무엇도 나를 방해할 수 없어'라고 생각하게 될 것이다.

## 2장 생생한 목표

2장에서는 당신의 마음속에 아주 생생하게 살아 움직이면서 지금 당장 행동하게 만드는 목표를 설정하는 방법을 배울 것이다. 이 장에서는 알버트 아인슈타인Albert Einstein, 니콜라 테슬라Nikola Tesla, 리처드 파인만Richard Feynman 등 역사 속의 위대한 지성들이 사용했던 시각화와 이미지 형상화 기법을 활용하여 우리의 목표를 크기, 색상, 형태, 세부사항, 환경, 배경, 빛, 감정, 움직임 등의 형태로

뇌 속에 단단히 각인시키는 방법을 살펴볼 것이다.

## 3장 필수적인 목표

3장에서는 수많은 목표를 실패로 몰아넣는 주범인 '게으름'을 떨쳐버리는 방법을 소개한다. 이 장에서는 행동경제학과 같은 현대과학의 최신 기법을 활용하여 당신과 주변 사람들에게 목표에 대한 절실한 필요성을 납득시킬 수 있는 방법들을 배울 것이다. 그리고 오늘 당장 얻는 편익보다 미래에 받게 될 대가가 훨씬 크게 마음에 와 닿게 하는 방법도 배울 것이다. 이렇게 함으로써 당신은 자신의 하드 골을 훨씬 매력적으로 느끼게 되고, 지금 당장 실행에 옮기고 싶은 절박함을 느끼게 될 것이다.

## 4장 어려운 목표

하드 골을 설정하는 사람들이 직면하게 되는 가장 큰 문제는 "얼마나 어려워야 어려운 것인가"이다. 당신은 목표가 너무나 쉬운 나머지 도전하고 싶은 생각조차 들지 않는 상황도 원치 않지만, 너무 어려워서 포기하게 되는 상황도 원치 않는다. 4장에서 당신은 자신에게 도전의식을 불러일으킬 수 있는 가장 적합한 난이도의 목표를 설정하는 법을 배울 것이다. 당신은 이미 큰 목표를 달성해본 적이 있으므로, 이 장에서는 당신의 과거 경험을 바탕으로 엄청난 성과를 이끌어내는 방법을 설명할 것이다. 목표를 지나치게 높게 잡는 사람이든 낮게 잡는 사람이든, 4장을 읽고 난 뒤 당신은 자신의 목표 설정 '컴포트 존'이 어디인지, 목표를 추구하는 과정에서 맞닥뜨릴 두려움을 어떻게 극복해야 하는지 정확하게 알게 될 것이다.

## 무엇이 당신을 강력하게 끌어당기는가?

비즈니스 세계에서는 일반적으로 "비전보다 실행이 더 중요하다"고 말한다. 미완의 전략을 완벽하게 달성하는 것이 완벽한 전략을 달성하지 못한 것보다 낫다는 말도 종종 들린다. 이는 결국 "목표를 설정하는 것보다 실행하는 것이 더 중요하다"는 뜻이다. 물론 실행이 중요하기는 하지만, 이러한 주장은 절대적으로 중요한 사실 하나를 놓치고 있다. 목표가 매우 강력하면, 실행은 저절로 된다는 것이다.

만일 초콜릿케이크를 더 먹는 것이 목표라면, 당신은 케이크 먹기를 실행으로 옮기는 계획을 짜느라 걱정할 필요가 전혀 없다. 사랑하는 사람과 함께 주말을 보내는 것이 목표라면, 당신은 누가 시키지 않아도 저절로 신이 나 실행에 옮길 것이다. 목표가 충분히 의미가 있다면, 당신은 억지로 애쓰지 않아도 실행하게 된다.

재미가 좀 덜하다 하더라도 당신이 그 목표에 크게 애착을 갖고 있다면 저절로 실행하게 된다. 마치 내가 이 책을 집필하는 것처럼 말이다. 나는 지금 회사 일로 눈코 뜰 새 없이 바쁜 상황에서도 이 책의 마감 기한을 맞추기 위해 열심히 글을 쓰고 있다. 나는 늘 하던 일들을 방해하지 않고 이 책을 마무리하기 위해 모든 힘을 최대한 발휘하고 있다. 지금 시각이 새벽 2시다. 그러나 나는 이 책의 가치를 진심으로 믿기 때문에 실행하는 것을 잠시도 멈출 수 없으며(진심 어린 목표), 이 책을 읽고 있는 사람들의 모습과 이 책이 사람들의 삶에 가져다줄 변화까지 모든 것들을 생생하게 떠올릴 수 있다(생생한 목표). 또한 이 책은 내 삶에서 나의 존재감을 확인하는 데 꼭 필요하며(필수적인 목표), 내가 지금까지 상상하지 못한 방법으로 나 자신과 함께 일하는 모든 사람들을 성장시킨다(어려운 목표).

자신에게 큰 의미가 없는 목표를 달성하기 위해 스스로를 들볶아가며 시간을 낭비하는 사람들이 많다. 지금 우리에게 필요한 것은 특별한 목표, 바로 하드 골이다. 우리가 달성하려는 목표가 충분히 강력하지 않으면, 그 목표를 달성하기 위해 매일 실천하는 수 없는 노력 또한 아무 도움이 되지 않는다. 스티브 잡스와 제프 베조스, 그리고 구글 창립자들의 위대한 성공이, 지금 우리가 아이패드나 킨들, 구글의 검색 엔진을 사용할 수 있게 된 것이, 단지 그들이 목표를 적은 포스트잇을 냉장고에 붙여놓았기 때문이라고 생각하는가? 아니면 그들이 자신이 하는 일과 혼연일체가 되어 자신의 목표를 달성하기 위해서라면 악어 떼가 득실거리는 강도 과감히 건널 수 있을 만큼 자신의 목표에 대단하고 중요한 의미를 부여했기 때문이라고 생각하는가?

당신이 이 책을 펼친 바로 그 순간부터, 당신은 위대하고, 중요하고, 의미 있는 목표를 좇고 있는 것이다. 그리고 당신에게는 이미 그럴만한 재능이 있고, 그러한 목표를 달성할 마음의 준비도 되어 있다.

이제 시작해보자.

## 당신의 목표는 하드 골인가?

본격적으로 하드 골에 대한 설명에 들어가기에 앞서, 목표 수준을 점검해볼 수 있는 간단한 테스트를 해보려 한다. 아래에 나오는 열두 문장은 당신의 목표가 어떤 수준인지를 평가하기 위한 것이다. 만약 더욱 심도 있는 내용을 보고 싶다면 www.hardgoals.com에서 확인할 수 있다.

우선, 당신이 달성하고 싶은 특정 목표를 떠올려보고, 각각의 문장에 1점(절대 그렇지 않다)부터 7점(항상 그렇다)까지 점수를 부여하라. 예를 들어, 만일 내가 "동전을 뒤집었을 때 앞면인지 뒷면인지 정확하게 알아맞힌다"라는 문장에 답해야 하는 경우, 평소 나는 '앞면 또는 뒷면'을 절반 정도 맞히기 때문에 '중간 점수' 인 4점을 줄 것이다. 그리고 "양배추를 즐겨 먹는다"라는 문장에 대해서는, 양배추를 전혀 좋아하지 않기 때문에 '절대 그렇지 않다' 는 의미로 1점을 줄 것이다.

각각의 문장에 점수를 줄 때는 깊이 생각하지 말고 처음에 떠오르는 대로 답하길 바란다.

1. 내 안의 무언가가 어떠한 시련이 닥쳐도 이 목표를 달성하도록 나에게 힘을 실어준다.

2. 나는 이 목표를 떠올릴 때마다 큰 감정적 동요를 느낀다.

3. 나는 이 목표를 완전히 내 것으로 느낀다. 처음에는 상사나 가족, 의사 또는 다른 누군가 부여한 목표였을지라도 현재는 100퍼센트 나의 목표가 되었다.

4. 나는 이 목표를 너무나 생생하게 상상할 수 있기 때문에, 내가 목표를 달성하는 순간에 보게 될 상황, 듣게 될 소리, 느끼게 될 감정을 정확하게 설명할 수 있다.

5. 나는 이 목표를 표현하기 위해서 그림, 사진, 스케치, 심상 등 다양한 시각 자료를 활용한다.

6. 나는 이 목표를 상당히 구체적으로 적어놓았기 때문에 사람들은 내가 무엇을 달성하려 하는지 정확하게 알 수 있다.

7. 나는 이 목표를 너무나 간절히 원하기 때문에 단 하루라도 쉬거나 미룰 수 없다.

8. 나는 이 목표를 달성했을 때 얻을 수 있는 이득이 예상보다 적더라도 끝까지 최선을 다할 것이다.

9. 나는 이 목표를 달성했을 때 받게 될 대가가 실행하는 과정에서 발생하는 비용보다 훨씬 중요하다.

10. 나는 이 목표를 달성하기 위해 새로운 공부를 하거나 기술을 배워야 한다.

11. 나의 목표는 나를 '컴포트 존' 밖으로 밀어낸다. 하지만 나는 두려움으로 얼어붙기보다 오히려 약간의 긴장감을 가지고 목표에 더 집중하게 된다.

12. 지금까지 내가 이룬 가장 의미 있고 중대한 성과를 도출한 목표와 비교해볼 때, 이 목표는 그때만큼 어렵다.


각각의 문장에 답을 했다면 이제 점수를 계산해보자.

1번부터 3번 문장까지 당신이 부여한 점수를 합산하라. 이 점수는 Heartfelt, 즉 당신의 목표가 얼마나 진심에서 우러나온 것인지를 나타낸다.

4번부터 6번 문장까지 당신이 부여한 점수를 합산하라. 이 점수는 Animated, 즉 당신의 목표가 얼마나 생생하게 각인되어 있는지를 나타낸다.

7번부터 9번 문장까지 당신이 부여한 점수를 합산하라. 이 점수는 Required, 즉 당신의 목표가 얼마나 필수적인지를 나타낸다.

10번부터 12번 문장까지 당신이 부여한 점수를 합산하라. 이 점수는 Difficult, 즉 당신의 목표가 얼마나 어렵게 설정되었는지를 나타낸다.

각각의 점수는 최저 3점에서 최고 21점까지 나올 수 있다.

점수 합산을 마쳤으면 이 점수를 도표로 나타내보자. '진심 어린', '생생한', '필수적인', '어려운' 등 네 가지 항목의 점수를 '하드 골 점수판'에 기록하라.

사람마다 하드 골을 설정하는 데 특정 분야에 태생적으로 더 강점을 보이는 경향이 있다. 목표와 쉽게 감정적 일체감을 형성하지만 늘 쉬운 목표만 설정하는 사람이 있고, 목표를 성취해야 할 절박감은 있지만 생생하게 떠올리지는 못하는 사람도 있다. 이처럼 목표 설정에 각자 강점과 약점을 가지기 때문에 이 테스트가 의미 있는 것이다. 큰 성과를 도출하는 목표를 세우려면 반드시 모든 점수가 '하드 골 범위'에 들어가도록 해야 한다는 사실을 잊지 마라.

모든 항목이 20점 또는 21점으로 '하드 골 범위'에 속한다면 가장 이상적인 경우이다. 이 정도라면 당신은 목표를 살짝 수정한 뒤, 즉시 행동으로 옮기면 된다.

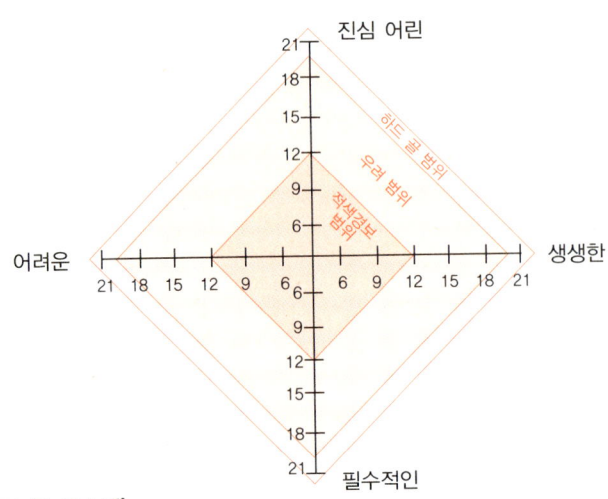

'하드 골 점수판'

어떤 항목의 점수가 13~19점 사이에 있다면 이는 '우려 범위'에 속한다. 하드 골에 근접해 있기는 하지만, 이 범위의 항목은 목표를 실행하기 전에 반드시 개선되어야 한다.

또, 어떤 항목의 점수가 12점 이하라면 '적색경보 범위'에 속한다. 이 항목은 반드시 재검토해야 한다. '적색경보 범위'에 속한 항목이 단 하나라도 있으면 그것이 마치 무거운 닻처럼 당신의 목표 전체를 짓누르는 '위기 상황'을 초래하므로, 목표를 실행하기 전에 반드시 그 항목을 '하드 골 범위'로 올려놓아야 한다.

# 진심 어린 목표

Heartfelt

Animated

Required

Difficult

# HEARTFELT

진심에서 우러나온, 진심 어린

H 체중을 줄이는 것이든, 담배를 끊는 것이든, 아 니면 회사를 성장시키는 것이든, 목표에 대해 사람들과 이야기를 나눌 때면, 나는 항상 "왜 이 목표를 이루려고 하죠?"라고 묻는다.

어떤 사람들은 이렇게 말한다.

"사실 전 별로 관심이 없어요. 아내가 원해서 하는 거거든요."

이렇게 말하는 직장인들도 많다.

"사장님이 이 목표를 아주 중요하게 생각하거든요."

그리고 얼마나 많은 아이들이 "그냥 부모님이 하라고 해서 하는 거예요"라고 대답했던가?

"당신은 왜 이 목표를 이루려고 합니까?" 이는 간단한 질문이면 서도, 아주 사소한 장애물에도 목표를 포기하는지 아닌지를 예견

하는 데 놀라울 만큼 정확한 방법이다. 어떠한 시련이 닥치더라도 목표를 밀고나가는 사람들은 대부분 이렇게 대답한다.

"이 목표는 제 열정의 근원이죠. 제 삶의 이유이기도 하고요."

"제 아이들을 너무 사랑하기 때문에 전 이 일을 꼭 해내야 해요."

혹은 이렇게 대답하는 사람도 있다.

"제가 정말로 관심을 두는 건 결승점이에요. 저는 끝까지 해냈을 때 얻게 될 것들을 생각하며 힘을 내죠."

그러나 앞에서 이야기한 사람들처럼 자신이 아니라, 배우자나 상사, 부모 등 타인이 원하기 때문에 목표를 이루려고 한다고 대답하는 경우에는 모든 징후가 부정적이다. 그들의 말 속에는 목표에 대한 진심 어린 감정적 결합이 없다. 즉, 그들의 목표가 진심에서 우러나온 목표가 아니라는 말이다. 감정이 결여된 목표는 결코 자신의 목표가 아니다. 그것은 다른 사람의 목표다.

대답을 할 때 어떤 단어를 사용하는지도 중요하다. 설령 다른 사람에게서 비롯된 목표라 할지라도 대답하는 사람이 '나는, 나의, 내 것' 이라는 표현으로 목표에 대한 소유권을 드러내면, 이는 자신의 목표를 이루겠다는 의지를 암시하는 강력한 징후가 된다.

그러나 그가 '아내의, 회사의, 부모님의, 사장님의' 라는 표현을 사용한다면, 그 목표는 진심에서 우러나온 것이 아니라는 사실을 알 수 있다.

또 그가 감정적인 표현을 얼마나 사용하는지도 눈여겨보라. '흥분된다, 기대된다, 기다릴 수가 없다, 설렌다' 등의 강렬한 감정 표현은 좋은 성과를 얻는 징후가 된다. 렌터카를 세차하는 사람은 아무도 없다는 사실을 명심하라. 내 것이 아닌 일에 애쓰는 사람은 없다.

당신은 자녀나 배우자, 부모님, 친한 친구 등 당신이 사랑하는 사람이나 당신에게 의미 있는 사람들을 위해서라면 무슨 일이든 할 마음의 준비가 되어 있다. 그들은 그냥 아는 사람들이 아니라 당신이 진심으로 아끼는 사람들이기 때문이다. 그런데 그와 달리 당신과 인사 정도만 나누는 사람이나 낯선 사람이 도움을 요청한다면 어떨까? 아마 크게 어려운 일이 아니라면 어느 정도 도와주겠지만, 그 이상은 어려울 것이다.

대부분의 사람들은 얼굴만 아는 사람이나 낯선 사람보다 사랑하는 사람이나 적어도 어느 정도 관계가 있는 사람을 위해 훨씬 많은 위험을 감수하고 희생한다. 의사들도 친한 환자일수록 훨씬 적극적으로 치료에 임한다. 구호단체에 돈을 기부하는 사람들도 수혜자와 감정적인 유대가 깊을수록 더 많이 기부한다. 타파웨어 파티Tupperware party. 집으로 손님을 초대하여 물건을 파는 마케팅 방법. 타파웨어는 주방용 플라스틱 용기를 제조하는 회사—옮긴이에서도 주인과 손님의 개인적 친밀도가 크면 클수록 판매량이 늘어난다.

당신이 누군가를 사랑한다면, 상대가 어려움에 처할 때 당신은 가만히 있지 않을 것이다. 어떤 식으로든 그 사람을 도우려고 사방팔방으로 뛰어다닐 것이다. 당신이 자신의 목표에 대해 느껴야 할 진심 어린 관계란 바로 이런 것이다. 당신의 목표는 진심에서 우러나온 것이어야 하고, 당신은 그 목표를 사랑해야 하며, 지구 끝까지 쫓아가서라도 그 목표를 반드시 달성하고야 말겠다는 결심이 있어야 한다.

물론 감정이 전부는 아니다. **하드 골**을 세우고 달성하기 위해서는 분석적 사고도 반드시 필요하다. 당신은 감량해야 할 체중, 높여야 할 판매 실적, 마라톤을 준비하며 연습할 거리, 새로운 기술을 배우기 위해 들어야 할 강좌 수 등을 계산해야 한다. 하지만 세상에서 가장 치밀하고 분석적인 목표를 설정하더라도, 진심을 담지 않는다면, 목표에 무감각하다면, 목표를 위해 지구 끝까지 쫓아갈 준비가 되어 있지 않다면, 당신은 중도에 장애물을 만나 포기하고 말 것이다. 사람들은 흔히 목표를 설정하는 과정에서 분석적이고 전략적인 부분에만 너무 신경을 쓰는 나머지, "당신은 왜 이 목표를 이루려고 합니까?"라는 가장 기본적인 질문을 무시하고 만다.

나는 파산 직전의 회사 임직원들을 대상으로 카운슬링을 많이 한다. 그들이 난관을 헤치고 극복하기 위해서 꼭 필요한 것이 바로 **하드 골**이다. 나는 회사의 임직원들에게 "회사가 성공하든 실패하든 왜 신경을 씁니까?"라고 묻는 것만으로도 회사가 성공적으로 회생할 가능성이 있는지 없는지 판단할 수 있었다. 만약 "직장을 잃을까 봐"라거나 "월급을 받아야 하니까"라는 대답을 하는 직원이 많다면 그 회사는 회생이 어려운 곳이라고 보아도 좋았다. 반대로 "저는 이 회사에 제 영혼과 모든 열정을 쏟아부었습니다. 이렇게 실패하게 놔둘 수는 없습니다", "우리 회사와 관련된 사람들, 우리를 의지하는 사람들이 매우 많아요"와 같이 회사에 대한 애정이 깊고 회생을 진심으로 바라는 직원이 많다면 그 회사는 당연히 회생 가능성이 높았다.

이는 정치판에서도 마찬가지다. 당선을 바라는 모든 정치인들은 관심이나 애착, 진심 어린 교감 등이 모두 표와 직결된다는 사실을 잘 알고 있다. 유권자가 어떤 이슈나 정치인에 대해 감정적으로 교감할 때, 진심에서 우러나온 열정을 느낄 때, 그 정치인의 당선은 떼어놓은 당상이다. 반면에 유권자가 반감을 갖거나 무심하다면, 그 정치인의 생명줄은 이미 끊어진 것이나 다름없다.

당신의 목표가 매우 의미 있는 하드 골이라 하더라도 당신은 어느 시점에 반드시 난관에 직면하게 될 것이다. 왜냐하면 가치가 있는 목표는 당신의 결단력을 시험하고, 당신이 진심으로 그 길을 계속 갈 것인지 아닌지 묻기 때문이다. 그 시점에서 목표에 대한 당신의 마음이 진심이라면, 당신은 안장을 얹은 말에 올라 곧장 앞으로 나아갈 것이다. 그러나 당신의 마음에 진심이 없다면, 동네 헬스장이 1월에는 사람들로 붐비다가 3월이 되면 한산해지는 것과 같은 이유로 당신은 결국 포기하게 된다.

나는 편한 자세로 맥주와 피자를 먹으며 〈블레이드 러너Blade Runner〉를 볼 때 행복을 느낀다. 하지만 그런 일은 성취감이나 의미 있는 인생을 사는 비결과는 거리가 멀다. 예전에 나는 지인에게서 고전문학 독서광이었다가 그 분야의 박사 과정을 밟기로 결심한 한 여성의 이야기를 들은 적이 있다. 그녀는 곧 명문 대학원의 문학 강의를 듣기 시작했는데, 얼마 지나지 않아 공부가 생각처럼 쉽지 않다는 사실을 깨달았다. 학점, 논문, 시험 등에 지친 여자는 결국 이렇게 말했다고 한다.

"이젠 더 이상 책도 쳐다보기 싫어요."

나는 그녀의 목표가 진심에서 우러나온 게 아니라고 생각한다. 할만한 가치가 있는 목표를 이루기 위해서는 언제나 노력이 필요하다. 셰익스피어를 즐겨 읽는다고 해서 아무나 쉽게 박사 학위를 딸 수 있는 건 아니다. 만약 이런 일이 가능하다면, 캘리포니아 와인 생산지인 나파밸리에서 와인을 마시길 즐기고 자전거 여행을 좋아하는 나는 투르드프랑스<sub>Tour de France, 매년 7월 프랑스에서 개최되는 세계 최고의 권위를 자랑하는 사이클 대회—옮긴이</sub>에서 우승할지도 모른다. 또한 나는 똑똑한 사람들과 대화하기를 좋아하니 노벨상을 수상할지도 모른다.

다시 한 번 말하지만, 할만한 가치가 있는 목표는 당신의 한계를 시험한다. 시험을 피할 수 있는 방법은 없다. 그리고 어느 시점이 되면 아무리 당신이 좋아하는 일이더라도 '재미'가 없어진다. 대신 당신은 좀 더 버텨보라고, 멈추지 말라고 스스로를 다그치며, 점점 더 높은 수준을 향하여 계속해서 자신을 밀어넣고 싸워나간다. 조금 전에 말한 이야기 속의 여성이 박사 학위를 따고 교수가 되기를 원했던 것은 맞지만, 그랬다면 '소파에 누워서 셰익스피어를 읽는 것' 이상으로 훨씬 더 진지하게 목표에 몰두했어야 했다.

만약 당신이 자신의 목표에 감정적으로 강렬하게 몰입되지 않는다면 어떻게 해야 할까? 그 어떤 장애나 어려움에도 굴하지 않고 당신의 목표를 끝까지 해낼 수 있도록 감정적으로 무장되려면 어떻게 해야 할까?

진심에서 우러나온 집중력으로 당신의 목표를 추구할 수 있는 방법에는 다음 세 가지가 있다.

- 내재적 교감 : 목표 자체에 진심 어린 교감을 형성한다.
- 개인적 교감 : 당신이 누군가를 위해 목표를 설정했다면, 그 사람에게 진심 어린 교감을 형성한다.
- 외부적 교감 : 목표를 달성한 뒤 받게 될 보상에 진심 어린 교감을 형성한다.

## 내재적 교감

사람은 누구나 자신이 정말로 하고 싶은 일에 더 많은 의욕을 느낀다. 아마 '당연한 소리' 라고 생각할 것이다. 이것이 바로 내재적 동기의 정의이다. 아무도 당신을 압박하거나 보상하지 않는 자유시간에 당신이 하는 일. 그 일이 무엇이든 당신이 좋아하는 일이라면, 그것이 당신의 내재적 동기의 좋은 예가 될 것이다.

스티브 잡스는 자신이 하는 일에 내재적인 교감을 이룬 사람이다. 만일 당신이 새로 출시된 제품을 소개하는 스티브 잡스의 프레젠테이션을 한 번이라도 들어봤다면, 스티브 잡스로부터 뿜어 나오는 자신이 만든 제품에 대한 진심 어린 내재적 교감을 알아챘을 것이다.

"이건 굉장한 컴퓨터입니다."

"지금까지 아무도 경험해보지 못한 최고의 비디오 편집 기능을 갖고 있지요."

"믿을 수 없을 만큼 흥미로운 경험을 하실 겁니다."

자신이 만든 제품으로 더 나은 세상을 만들어가고 있다고 진심으로 믿는 스티브 잡스의 열정 때문에 계속해서 새로운 아이디어 제품이 생산되는 것이다. 그리고 바로 그런 그의 열정이 고객과 직원들을 애플의 전도사로 만들었다.

내재적 동기는 내면에서 흘러나오며, 외부적 보상에 반응하지 않는다. 스티브 잡스뿐 아니라 내재적 동기를 발휘하는 다른 사람들 역시 외부적 보상을 추구하지 않는다. 목표로 나아가게 만드는 근본적인 동기는 당신이 정말로 좋아하는 일을 할 때 나온다.

라일 넬슨Lyle Nelson은 올림픽에 네 번이나 출전한 스키 선수이자, 코치이며 작가이다. 1988년 그는 만장일치로 미국 올림픽 선수단 주장으로 선출되었다. 정말 대단한 사람임에도 겸손하고 너그러운 모습에 사람들은 놀란다. 사람들이 그에게 올림픽에 출전했을 때 기분이 어땠느냐고 묻자 그는 이렇게 대답했다.

"오스트리아 인스부르크에서 첫 번째 경기가 있는 날 아침이었죠. 스키 타기에 완벽한 날씨였습니다. 적당히 춥고 건조한 데다 맑고 화창했죠. 아직도 저는 교회 첨탑을 지나 호수를 따라 저 멀리 언덕 위까지 이어져 있던 크로스컨트리 코스를 그릴 수 있어요. 그때 저는 '내 꿈이 이제 실현되는구나' 하는 생각에 가슴이 벅차올랐습니다.

저는 열다섯 살 때를 떠올렸습니다. 그 당시 저는 언젠가는 올림픽에 나갈 거라고 생각했지만, 12년이나 걸릴 줄은 몰랐어요. 12년 중에 4년은 웨스트포인트 사관학교에 있었는데, 3~4학년 내내 일주일에 엿새를 밤 11시부터 새벽 1시까지 역기를 들었습니다. 아주 쉬운 훈련이었어요. 언젠가 올림픽 무대에 서 있을 제 모습을 생각하는 것만으로도 힘이 났으니까요."[1]

진심에서 우러나온 목표에 대한 열망이 이끄는 대로, 라일 넬슨은 올림픽에 출전하겠다는 꿈을 위해 어릴 때부터 흔들리지 않고 훈련에 전념했다. 라일의 말처럼 그런 야망이 꼭 올림픽에 출전하겠다는 거대한 목표에만 해당되는 것은 아니다.

"출발 지점에 서 있으면서, 저는 '내 인생에서 처음으로 100퍼센트 노력을 다하겠구나' 하고 생각했어요. 어떤 것도 저를 물러서게 할 수 없었죠. 보통 우리가 스스로에게 '이 선만 넘을 수 있다면 내 모든 걸 내놓겠어'라고 말하는 그런 순간이었습니다. 제게는 그 선이 올림픽 출전이었지만, 사람에 따라 업무 프로젝트나 인간관계, 또는 다른 어떤 일에서든 그런 순간을 경험할 수 있겠지요."

라일의 말이 맞다. 그리고 자신의 목표와 하나가 될 때, 분명 더 편안한 마음으로 100퍼센트 노력을 다하게 된다.

그런데 이렇게 자신의 목표와 내재적인 교감을 하려면 반드시 당신을 '밀어내는 것Shove'과 '끌어당기는 것Tug'이 무엇인지 이해해야 한다. 사람들마다 각자 다른 '밀어내는 것'과 '끌어당기는 것'이 있기 마련이다. '밀어내는 것'이란 의지를 꺾는, 맥 빠지게 하는, 100퍼센트 노력하는 것을 방해하는, 목표를 포기하게 만드는 것이다. 이러한 것들은 목표를 실행하고자 하는 의식 밖으로 당신을 '밀어낸다'. '끌어당기는 것'이란 당신에게 동기를 부여하고, 100퍼센트 노력하게 하는, 아무리 힘든 일을 겪더라도 다시 목표로 돌아오게 만드는, 당신이 사랑하는 것들을 말한다. 이러한 것들은 계속해서 목표를 실행할 수 있도록 당신을 '끌어당긴다'.

하지만 여기에는 복잡한 문제가 하나 있다. '밀어내는 것'과 '끌어당기는 것'이 동전의 양면처럼 명확히 구분되는 것이 아니라는 점이다. 왜냐하면 자신을 강하게 끌어당기는 목표라 해도 그 안에 '밀어내는 것'이 전혀 없는 것은 아니기 때문이다. 그러므로 '끌어당기는 것'들을 더 얻기 위한 방법을 찾느라 하루 종일 시간을 허비하기 전에, 먼저 자신을 '밀어내는 것'부터 알아내서 완벽하게 해결해야 한다.

'밀어내는 것'과 '끌어당기는 것'을 좀 더 쉽게 설명하기 위해 '기쁨'과 '고통'의 예를 들어보겠다. 기쁨의 반대는 고통이 아니라 기쁘지 않은 것이다. 이와 마찬가지로 고통의 반대는 기쁨이 아니라 고통스럽지 않은 것이다. 어떤 사람이 내 발을 망치로 때린다면 고통스러울 것이다. 하지만 그가 망치로 때리기를 멈춘다 해도, 그것은 기쁨이 아니라 더 이상 고통스럽지 않을 뿐이다. 누군가 내 등을 시원하게 긁어준다면 그건 기쁨이다. 하지만 긁기를 멈춘다고 해서 고통스러울 이유는 없다. 그저 더 이상 기쁘지 않을 뿐이다.

또한 누군가 내 등을 긁어준다고 해서, 망치로 두들겨 맞는 고통이 사라지지는 않는다. 고통을 멎게 하는 유일한 길은 망치질을 그만두게 하는 방법밖에 없다. 이와 마찬가지로 밀어내는 것과 끌어당기는 것도 서로 완전히 반대되는 개념은 아니다.

사람들은 자신이 진심으로 원하는 목표를 향해 나아가는 와중에도 수시로 발을 망치로, 즉 '밀어내는 것'으로 두들겨 맞는다. 이런 고통은 자신의 목표에 대해 느끼는 진심 어린 애착관계를 파괴한다. 게다가 사람들이 '밀어내는 것'과 '끌어당기는 것'을 의식적으로 구분하지 않기 때문에, '밀어내는 것'으로 얻어맞았을 때 왜 목표에 대한 자신의 진심 어린 마음이 사그라지는지, 어떻게 해야 문제를 해결할 수 있는지 모른다. 따라서 제일 먼저 해야 할 일은 당신을 '밀어내는 것'과 '끌어당기는 것'이 무엇인지 진단하는 것이다. 그러기 위해서 당신은 다음 두 가지 질문에 대답해야 한다.

- 최근에 크게 좌절했거나, 완전히 지쳤거나, 모든 걸 중단하고

포기하고 싶었던 때가 있었는가?

- 최근에 매우 의욕 충만했거나, 흥분했거나, 열정이 불타올라 멈출 수 없었던 때가 있었는가?

목표를 방해할지도 모를 모든 가능성을 찾아내는 게 아니라, 실제로 방해하는 문제들을 찾는 것이므로 가능한 한 구체적으로 대답하는 것이 좋다. 또 최근 경험일수록 더욱 좋다. 목표를 방해할 것이라고 '상상하는' 것들로 나열된 목록은 아무 도움이 되지 않는다. 아직까지 일어난 적도 없고 일어나지도 않을 '밀어내는 것' 때문에 목표를 포기하는 것은 바람직한 행동이 아니다. 그런데 많은 사람들이 앞으로 겪게 될지도 모를 '밀어내는 것'에 겁먹고 자신의 목표를 포기하고 만다.

일단, 목표와의 진정한 교감을 강화하거나 방해하는 요인이나 상황을 발견했다면, 당신은 자신의 내재적 욕구에 더욱 적합한 목표를 설정할 수 있다. 즐겁게 빠져들 수 있는 흥분되는 목표만을 찾아다니는 사람이라면 흥미 없고 독특하지 않은 목표는 밀어낼 것이다. 어려운 문제를 해결하는 것을 좋아하는 사람이라면 다들 할 수 없다고 포기했던 문제에 계속 도전할 것이다.

그러나 당신이 진심으로 성취하기를 원하는 목표에 '밀어내는 것'들이 존재하지만 피할 수 없다면 어떻게 해야 할까? 이럴 경우에는 동기를 느낄 수 있는 다음 단계, 즉 목표에 대한 개인적 교감이나 외부적 교감이 필요하다.

하버드대학 경제학과 교수인 롤랜드 프라이어Roland Fryer는 도시 아이들이 학업성취라는 목표에 얼마나 집중하는지에 대해 특별 연구를 수행했다.[2] 좋은 점수, 책 읽기, 친구들과 싸우지 않기 등의 긍정적인 행동을 하는 학생들에게 현금으로 보상을 하는 방식으로 진행된 이 연구는 지금까지 착수된 교육정책 연구 중 최대 규모로, 1만 8,000명의 학생을 대상으로 했으며, 총 소요된 금액만 630만 달러에 달했다.

이 연구에 논란의 여지는 있지만, 중요한 사항 한 가지는 명확하게 보여주고 있다. 바로 "목표와의 내재적인 교감이 어려운 경우, 어떤 방법을 사용할 수 있을까?"라는 문제이다. 물론 우리는 아이들이 모두 학습 자체를 좋아하길 바란다. 하지만 프라이어 박사는 이렇게 말한다.

"다 쓰러져가는 학교로 걸어 들어가 복도에서 주운 깨진 유리병을 들고 '애들아, 나도 이런 학교를 다녔어. 내가 너희를 돕고 싶어'라고 말한다고 가정해봅시다. 그러면 사람들은 아이들에게 필요한 건 '학업에 대한 열정'이라며 다그칠 거예요. 그러면 저는 이렇게 대답할 겁니다. '하지만 방금 복도에서 깨진 유리병을 밟았다고요! 복도에서 싸움이 벌어졌어요! 이 아이들에게는 학업에 대한 열정, 그 이상의 것이 필요합니다'라고 말입니다."[3]

# 개인적 교감

내가 10대였을 때, 고모할머니가 암 말기 판정을 받았다. 당시 고모할머니는 80대였으며, 본능적으로 새끼를 보호하려는 '어미 곰'의 맹렬한 본능은 다정하면서도 여성스러운 풍모에 가려져 있었다. 그런데 살날이 몇 개월 남지 않았다는 비보를 들은 지 얼마 지나지 않아 60대인 자신의 딸 역시 암이라는 청천벽력 같은 소식을 듣게 되었다.

그런데 살날이 몇 달 남지 않았다던 고모할머니는 그 후로 5년을 더 생존하셨다. 가족은 물론 의사들도 믿을 수 없는 일이라며 놀라워했다. 고모할머니는 계속되는 고통을 힘들게 견뎌야 했지만, 딸을 돌보겠다는 의지로 끝까지 말기 암세포와 싸웠던 것이다.

우리 주변에는 나의 고모할머니처럼 지극히 사랑하는 사람을 도울 수만 있다면 그 어떤 위기와 시련도 극복하고, 그 어떤 고통도 참아내는 사람들이 많이 있다. 여섯 살짜리 이웃 꼬마가 자동차에 치인 상황을 목격했던 닉 해리스 Nick Harris도 그중 한 명이다.[4]

학교로 걸어가고 있던 한 여자 아이가 차도를 벗어나 돌진하는 자동차에 치었다. 아이는 길에 쓰러졌고, 자동차에 깔리고 말았다. 막 딸을 학교에 데려다 주고 오던 닉은 그 사고를 목격했고, 아이를 구하기 위해 달려갔다. 현장에 도착한 그는 머큐리 세단을 들어 올리고 밑에 깔린 아이를 꺼냈다. 보통 체구의 한 남자가 괴력을 발휘한 것이었다. 아이의 상처는 어땠을까? 스케이트보드를 타다가 넘어진 것처럼 약간 까지고 멍이 들긴 했지만 무사했다. 며칠 뒤 아이는 웃으면서 이렇게 말했다.

"뼈도 하나 안 부러졌어요."

닉의 경우처럼 타인을 돕기 위해 놀라운 일을 해낸 사람들이 상당히 많다. 그들이 그렇게 할 수 있었던 것은 아무리 낯선 사람이라 해도, 상대에 대한 인간적인 유대감이 있기 때문이다. 바로 이러한 점 때문에 자신과 아무런 관계가 없는 상황인데도 그렇게 많은 사람들이 어려운 일에 직접 뛰어들거나 자선을 베푸는 것이다. 지금 당신이 전 지구적 인도주의 활동을 하든, 사랑하는 가족이나 친구를 도우려 하든, 하드 골을 세워 노력을 경주한다면, 그 목표를 성취했을 때 그들에게 돌아가는 보상은 당신에게 큰 기쁨과 성취감을 안겨줄 것이다.

영국 UCL대학 연구진은 타인에게 깊은 애착을 느낄 때 생성되는 신경학적인 힘을 입증하기 위해 기능성자기공명영상 fMRI을 사용했다.[5] fMRI는 두뇌의 신경세포 활동에 따른 혈류의 변화를 측정한다. 연구진은 엄마들에게 자기가 낳은 아기 사진을 먼저 보여주고, 가장 친한 친구의 아이 사진, 그리고 친한 친구 사진, 별로 친하지 않은 친구 사진을 차례대로 보여주면서 뇌가 어떻게 반응하는지 측정했다.

엄마들에게 자기가 낳은 아기 사진을 보여주자, 모성애와 남녀 간의 사랑에 영향을 미치는 옥시토신과 바소프레신 수용체가 풍부한 뇌의 보상 영역이 활성화되었다. 그리고 출산처럼 강한 고통을 경험할 때 그 고통을 억제해주는 부위 역시 활성화되었다. 그러나 이보다 더 흥미로운 사실은 부정적 감정, 사회적 판단, 상대방의 의도를 평가하는 부위가 비활성화되었다는 사실이다.

타인에 대한 깊은 감정적 교감은 당신이 부정적인 생각을 극복하고 **하드 골**에 몰입할 수 있도록 열정을 북돋아준다. 이때의 감정적 교감은 자신이 사랑하는 사람이나 이미 알고 있는 사람에게만 국한되는 것은 아니다. 감정적 교감이란 그런 것이 아니다.

당신의 목표와 관련되었거나 직접적인 영향을 받은 사람들이 모두 앞으로 당신과 가깝고 친밀한 관계가 되는 것은 아니다. 하지만 당신이 자신이 세운 목표로 이득을 받게 될 사람들에게 감정적으로 교감하게 되면, 당신은 목표와 진정으로 하나가 될 수 있다. 감정적 교감은 자녀들을 위해 더 오래 살고 싶어서, 곧 다가올 고교동문회에서 옛날 여자 친구에게 깊은 인상을 남기고 싶어서, 또 체중을 줄이고 싶어서 애쓰는 당신에게 도움이 될 것이다. 어려운 친척을 돕거나 아이티 고아들에게 성금을 보내기 위해 돈을 모을 때에도 도움이 될 것이다. 그리고 세상 사람들이 당신의 제품을 사용하여 더 나은 생활을 하길 바라거나 직원들이 애사심을 갖고 전력을 다해 뛰어주길 바라는 CEO에게도 역시 도움이 될 것이다. 다음에 소개하는 사항들은 개인적 교감을 위해 꼭 필요한 내용들이다.

## 개별화하라

테레사 수녀는 "나는 집단을 볼 때는 행동하지 않습니다. 나는 한 개인을 볼 때 행동합니다"라고 말했다. 이 말은 목표와 감정적으로 교감하고 싶다면, 그리고 스스로에게 엄청난 동기를 부여해 힘을 북돋아주고 싶다면, 당신의 목표를 개별화하고 개인화하라는 뜻이다.

심리학자 아모스 트버스키Amos Tversky와 도널드 레델마이어Donald Redelmeier는 의사들이 집단 속의 익명의 구성원과 개별 환자를 치료할 때 다른 처방을 내리는지 알아보기 위해 연구를 했다.[6] 그들은 의사들에게 개별 환자와 집단 환자라는 서로 다른 가상적 의료 상황을 주고, 가장 적절한 치료법을 선택하라고 요청했다.

**개별 환자 상황** : A라는 젊은 여성은 집안 주치의를 잘 알고 있으며, 심각한 병에 걸릴 염려가 전혀 없는 사람이다. A는 닷새 동안 별다른 증상 없이 열이 계속되자 주치의에게 전화를 걸었다. 의사는 바이러스 감염이라고 잠정적으로 진단하고 처방을 내린 후, 계속 연락하라고 말했다. 36시간 후, A는 다시 주치의에게 전화를 걸어 나아지지도 나빠지지도 않았으며, 여전히 별다른 증상은 없다고 말했다. 의사가 선택할 수 있는 것은 A와 좀 더 오래 전화를 할 것인지, 아니면 지금 당장 병원으로 와서 검사를 받아보라고 말할 것인지 두 가지밖에 없다. A를 위해서 당신은 어느 쪽을 선택할 것인가?

**집단 환자 상황** : 이 여성들은 각자 자신의 주치의를 잘 알고 있으며, 심각한 병에 걸릴 염려가 전혀 없는 사람들이다. 이 여성들은 닷새 동안 별다른 증상 없이 열이 계속되자 각자의 주치의들에게 전화를 걸었다. 대부분의 의사는 바이러스 감염이라고 잠정적으로 진단하고 처방을 내린 후, 계속 연락하라고 말했다. 36시간 후, 여성들이 다시 전화를 걸어 나아지지도 나빠지지도 않았으며, 여전히 별다른 증상은 없다고 말했다. 의사가 선택할 수 있는 것은 이 여성들과 좀 더 오래 전화를 할 것인지, 아니면 지금 당장 병원으로 와서 검사를 받아보라고 말할 것인지 두 가지밖에 없다. 당신은 어느 쪽을 택할 것인가?

의사들에게 이 두 가지 상황 중 하나가 전달되었고, 각 의사들은 상황에 맞는 조치를 내렸다. 연구 결과, 대단히 흥미로운 사실이 밝혀졌다. 집단 환자 상황을 받았던 의사들이 개별 환자 상황을 받았던 의사들보다 두 배에서 여섯 배 정도 더 많이 전화 통화로만 후속 조치를 내렸던 것이다.

또 다른 가상 상황에서는 한 대학생 환자가 피로, 불면증, 집중력 문제를 호소할 경우, 희귀질병 여부를 알아보기 위해 별도의 혈액 검사를 지시하는지 질문했다.[7] 이때도 역시 개별 환자 상황을 받았던 의사들은 환자들에게 추가 비용이 들더라도 별도의 검사를 받아볼 것을 두 배에서 여섯 배 정도 더 권했다.

이런 결과는 무엇을 말하는 것일까? 사람들은 집단을 구성하는 익명의 존재로서가 아니라 개별적인 한 개인으로서 상대방을 대할 때, 더 관심을 기울이고 집중한다. 당신이라면, 개별 환자, 집단 속의 익명의 환자 중 어느 쪽이 되고 싶은가?

이제 테레사 수녀가 했던 말로 다시 돌아가자.

"나는 집단을 볼 때는 행동하지 않습니다. 나는 한 개인을 볼 때 행동합니다."

나는 테레사 수녀가 무서울 정도로 똑똑한 사람이었다고 말하고 싶다.

## 개인화하라

데보라 스몰Deborah Small이 이끄는 미국 펜실베이니아대학 와튼 스쿨 연구팀은 테레사 수녀가 세상을 바라봤던 시선이 옳았다는 것을 증명했다. 연구팀은 사람들이 '통계적 희생자'보다 '인식 가능한 희생자'에게 더 많이 기부하는지 밝히기 위해 몇 가지 실험을 했다.[8]

우선, 실험 참가자들은 실제 실험 목적과 상관없는 마케팅 시장 조사의 임무를 받았고, 그 일을 완수한 대가로 1달러짜리 지폐 다섯 장을 받았다. 그리고 연구팀은 참가자들에게 자선을 요청하는 편지와 빈 봉투를 함께 나누어주었다. 시장조사는 참가자들이 기부 요청에 얼마나 설득되는지 알아보기 위한 구실이었을 뿐이었다. 편지에는 오늘 일해서 받은 1달러 지폐 다섯 장 중에서 얼마가 됐든, 아프리카의 굶주리는 어린이들을 돕는 단체인 세이브더칠

드런Save the Children에 기부할 수 있다는 내용이 적혀 있었다.

이 실험에서는 세 종류의 자선 편지를 세 그룹에 각각 따로 전했다. 첫 번째 그룹의 편지에는 기아에 대한 통계 자료, 즉 '통계적 희생자'를 담았다. 편지 내용은 다음과 같았다.

아프리카 말라위에서는 식량 부족으로 300만 명이 넘는 아이들이 고통받고 있습니다. 잠비아에서는 극심한 가뭄 때문에 2000년 이후부터 옥수수 생산량이 42퍼센트 감소했습니다. 그 결과, 300만 명으로 추정되는 잠비아 사람들이 굶주림에 시달리고 있습니다.

두 번째 그룹의 편지에는 '인식 가능한 희생자'를 자세히 묘사한 내용을 담았다.

여러분이 기부하신 돈은 아프리카 말라위에 사는 일곱 살 소녀 로키아에게 전해질 것입니다. 로키아는 지독한 가난과 극심한 굶주림, 그리고 기아의 위험에 직면해 있습니다. 여러분이 도움을 주신다면 로키아의 삶은 더 나아질 것입니다.

세 번째 그룹은 두 가지 내용이 모두 들어간 편지를 받았다. 즉, '통계적 희생자' 내용 다음에 '인식 가능한 희생자' 내용을 담은 편지였다.

'통계적 희생자' 내용을 읽었던 사람들은 사용 가능한 5달러 중

평균 1달러 14센트를 기부했다. 두 가지 내용이 모두 들어간 편지를 읽은 사람들은 평균 1달러 43센트를 기부했다. 그렇다면 '인식 가능한 희생자' 내용이 담긴 편지를 읽은 사람들은 어땠을까? 그들은 2달러 38센트를 기부했다. 로키아 이야기를 읽었던 사람들, 즉 도울 상대를 개별화했던 사람들이 통계 자료만 받아봤던 사람들보다 두 배 많은 돈을 기부했던 것이다.

후속 연구 역시 같은 자료를 활용하여 수행되었다. 단, 이번 참가자들에게는 특정 방식으로 사고하도록 사전에 조치를 취했다. 한 그룹에게는 "어떤 물체가 분당 약 1.5미터의 속력으로 이동한다고 하면, 360초 동안에는 얼마나 많이 이동하겠는가?"와 같은 질문을 하면서, '분석적'으로 사고하도록 준비시켰다. 다른 그룹에게는 "아기라는 단어를 들었을 때 어떤 기분이 드는가?"와 같은 질문을 하면서, '감정적'으로 대응하도록 준비시켰다.

결과는 어땠을까? '감정적'인 태도로 로키아의 이야기를 읽은 사람들은 사전에 아무 조치 없이 기부했던 사람들과 비슷한 액수인 2달러 34센트를 기부했다. 그러나 '분석적'으로 사고하도록 준비하고 로키아의 이야기를 읽은 사람들은 겨우 1달러 19센트를 기부하는 데 그쳤다. 뇌의 분석적인 부분을 사용했을 때, 사람들은 감성적인 부분을 사용했을 때보다 50퍼센트나 적게 기부했다.

이 연구는 팀 목표 수립 업무를 담당하는 기업 리더들에게 대단히 많은 것을 시사한다. 그들은 수치화하고 측정할 수 있는 목표를 좋아한다. 그래서 거대하고 추상적인 목표를 한눈에 쉽게 들어오는 간단한 숫자로 바꿀 것을 직원들에게 요구한다. 직원들은 열정을 북돋우는, 감정적으로 이끌리는 목표를 분석적인 숫자로 바꾸는 사이에 목표 달성에 대한 의지가 절반으로 줄어들고 만다. 만약 회사의 거대한 목표를 달성하기 위해 직원들이 헌신적으로 일하길 원한다면, 당신은 직원들이 목표에 대한 '감정적'인 애착을 갖기도 전에 그들에게 목표를 '분석'하라는 지시를 해서는 안 된다. 지나친 경우, 몇몇 간부들은 마치 목표를 분석해 숫자화하는 것만으로 이미 목표를 달성한 것처럼 안도하는 지경에 이르기도 한다.

최근 〈비즈니스위크Businessweek〉에는 모든 기업 리더들에게 도움이 될만한 기사 한 구절이 실렸다.

"몇 해 전, 제너럴모터스GM 간부들은 '미국 시장점유율 29퍼센트'라는 원대한 기업 목표를 늘 상기하자는 의미에서 '29'라는 숫자를 새긴 배지를 달고 다녔다."[9]

이 책을 집필하는 현재, GM의 시장점유율은 약 19퍼센트다. 나는 그 아이디어를 제안한 사람에게 "그래, 그 배지가 효과 좀 있던가요?"라고 묻고 싶은 심정이다.

나는 지금 숫자가 필요 없다고 말하는 것은 아니다. 나는 오히려 숫자를 좋아한다. 나는 재무 관리에 관한 연구로 여러 번 상을 받기도 했다. 그러나 목표를 설정할 때, 사람들이 목표에 대해 느끼는 감정을 없애지 않도록 주의해야 한다. 어떤 회사들은 '스마트 목표'라는 상당히 시대에 뒤떨어진 목표 설정 프로세스를 아직도 사용하고 있다. 스마트 목표 어디에도 '감정'이나 '진심'은 없으며, '구체적'이고 '측정 가능한' 목표를 세우려는 일념으로 오늘날 많은 회사들이 모든 목표를 숫자로 바꾸는 데 혈안이 되어 있다.

숫자를 어떻게 활용하느냐에 따라 목표를 달성하는 데 도움이 될 수는 있지만, 분명한 것은 숫자보다는 감정이 먼저라는 사실이다. 만약 당신이 체중을 10킬로그램 정도 줄이고 싶다면, 무슨 일이 있어도 살을 빼고 말겠다는, 목표에 대한 진지한 감정이 생기기 전에는 침실 거울이나 냉장고 등 집안 구석구석에 '10'이라고 쓴 포스트잇을 붙여놓아서는 안 된다.

목표를 설정하는 초기 단계에서는 목표에 대한 '감정'이 생기도록 노력해야 한다. 목표에 대한 감정적 애착이 형성되어야 목표를 추진하는 과정에서 그 어떤 장애물을 만나더라도 극복할 수 있는 에너지를 끊임없이 받게 된다. 그렇지 않으면, 당신 역시 실패한 목표를 상기시키는 데 지나지 않는 커다란 숫자 배지를 달게 될 것이다.

## 애플 vs 마이크로소프트 : 개별화와 개인화에 대한 완벽한 사례

"나는 맥Mac입니다. 나는 PC입니다"라는 애플 광고를 기억하는가? 하얀색 배경 앞에서 세련되고 편안한 차림의 남자가(저스틴 롱 Justin Long이 연기) "안녕하세요, 나는 맥입니다"라며 자신을 소개한다. 그런 다음, 스프레드시트 정보에 푹 빠져 있는 따분하고 시대에 뒤떨어진 사람을 풍자한 존 호즈맨John Hodgman이 이렇게 말한다. "나는 PC입니다." 그리고 이들은 맥과 PC의 장점을 몇 마디 주고받는다.

맥 : 모든 맥 컴퓨터에는 아이라이프 프로그램iLife program. 사진·동영상 편집, DVD·음악·홈페이지 제작을 할 수 있는 멀티미디어 응용 소프트웨어 제품군으로, 현재 애플에서 판매하고 있는 맥 컴퓨터에는 기본적으로 설치되어 있다—옮긴이이 들어 있어요.

PC : 아이라이프라, 글쎄요, 나한테도 끝내주는 애플리케이션이 있답니다.

맥 : 그게 뭔데요?

PC : 계산기죠.

맥 : 대단하군요. 또 뭐가 있어요?

PC : 시계요.

이 광고에서 말하고자 하는 것은 무엇일까? 그것은 바로 개별화하고 개인화하라는 것이다. 애플이 맥과 PC라고 이름 붙인 배우를 등장시킨 이유는 그것이 보는 이들의 감정적 교감을 이끌어낼 수 있기 때문이었다. 그런데 이 광고에서 애플은 한 가지 실수를 저질렀다. PC 역할을 맡은 존 호즈맨이 광고에서 코믹한 대사를 지나치게 잘 소화했기 때문에 웃음과 동시에 동정심을 유발한 것이다. 그래서 설령 애플이 이 광고를 통해 시청자와 감정적으로 교감하려는 목표를 이루었다 하더라도, 시청자는 또한 PC에도 감정적으로 교감하게 되었다.

마이크로소프트는 이 광고에 어떻게 대응했을까? 마이크로소프트는 자신들에 대한 과장된 고정관념을 180도 바꾸어놓는 방법을 택했다. 마이크로소프트는 애플이 강조하는 고정관념에 반대하는 실제 사람들을 보여주며 "나는 PC입니다" 광고를 내보냈다. 광고에는 농부, 컴퓨터 전문가, 신부, 스쿠버다이버 등이 등장해 "나는 PC입니다", "나는 정장을 안 입어요", "나는 머리띠를 즐겨하죠"와 같은 말을 한다. 이 광고에서 가장 중요한 사항은 개별화와 개인화를 했다는 점이다. 마치 애플의 광고처럼 말이다.

마이크로소프트는 그런 광고가 준 교훈을 다시 활용했다. 윈도우7을 발표했을 때, 마이크로소프트는 "윈도우7은 내 아이디어였어요"라는 주제로 광고를 만들었다. 이 광고에서는 평범한 사람들이 "이 기능은 제 아이디어였어요"라고 말하며 윈도우7의 기능을 설명한다. 만약 애플이 윈도우7의 기능을 공격하려 들 경우, 공격받는 대상은 누가 되는 것일까? 평범하고 선량한 일반 사람들이다. 기업이나 희화화된 고정관념은 공격할 수 있지만, "나는 PC입니다. 그리고 당신이 PC를 공격한다면 나를 공격하는 거예요!"라고 말하는 아이를, 엄마를, 아빠를 공격할 수 있을까? 결코 그렇지 못할 것이다.

## 위대한 기업들은 개인적 교감을 구축한다

나는 종종 이런 말을 듣는다.

"감정적 교감이 체중 감량이나 금연에는 효과적이겠지만, 기업 목표를 달성하는 데는 별 효과가 없을걸요?"

물론 이런 걱정을 하는 것이 이해는 된다. 하지만 단도직입적으로 말해서, 그런 걱정은 잘못된 것이다.

아침에 눈을 뜨자마자, 일에 대한 열망으로 빨리 사무실로 출근하고 싶어 하는 CEO를 상상하는 것은 어려운 일이 아니다. 만약 아이가 "아빠, 오늘은 집에 일찍 와서 저랑 축구 게임할 수 있어요?"라고 물으면, 이 CEO는 진심으로 미안해하면서 이렇게 말할 것이다.

"미안하구나, 얘야. 수천 명이나 되는 사람들이 아빠의 보고서를 기다리고 있단다. 그래야 주가가 올라가고, 사람들이 음식이랑 옷을 살 돈을 벌 수 있거든."

그렇다면 직장의 일선에서 근무하는 직장인들은 어떨까? 그들은 아마 아이에게 이렇게 말해야 할지도 모른다.

"미안하다, 아들아. 하지만 회사 주가를 백만분의 일 포인트라도 더 끌어올려 부자들을 더 부자로 만들기 위해서 아빠가 해야 할 일이 많단다. 물론 아빠는 그 돈을 한 푼도 구경할 수 없어. 그러니 새 자전거 사달라는 말은 하지 마라."

돈이란 위대하며 반드시 필요하다. 그러나 감정이 수반되지 않은 채 단지 돈을 벌기 위해 일하다 보면 의욕이 떨어지기 마련이다. 사실 돈과 감정은 얼마든지 양립할 수 있는데도, 많은 기업들은 직원들에게 쥐어주는 몇 푼의 돈으로 목표에 대한 동기부여가 충분히 되었다고 생각한다. 회사의 매출이 자신의 이익과 직결된 경영자나 고위 임원들에게는 매출을 성장시키려는 충만한 열정이 내재되어 있겠지만, 일선에서 일하는 직원들에게는 무언가 특별한 것이 필요하다.

존재의 기반을 단지 돈에만 두는 기업은 감정적 애착을 기반으로 하는 기업을 결코 능가할 수 없다. 2001년 파산신청을 한 미국의 에너지회사 엔론Enron, 우량 은행이었으나 미국 서브프라임 모기지 사태로 헐값에 매각된 베어스턴스Bear Stearns, 미국 역사상 최대 규모로 기업 파산을 신청했던 리먼 브라더스Lehman Brothers 등 돈만을 목표로 하다 실패를 본 기업들은 셀 수 없이 많다.

물론 돈 버는 것만으로도 힘든데 감정적인 무언가에 신경 쓴다는 것이 기업의 입장에서는 쉬운 일이 아니다. 그런데 이를 훌륭하게 실천한 회사들도 적지 않다. 한 예로 구글의 기업 철학을 담은 '진실해지기 위해 우리가 알아야 할 열 가지 항목'은 이를 잘 말해주고 있다.[10] 그중 첫 번째 항목은 다음과 같다.

1. 사용자에게 초점을 맞추어라. 나머지는 저절로 해결될 것이다.
많은 기업이 고객을 최우선에 두고 있다고 주장하지만, 주주의 이익을 위해 고객의 작은 희생을 요구하는 경우가 많습니다. 구글은 사이트 방문자에게 도움이 되지 않는 어떤 변화도 거부하고, 다음 원칙을 고수해왔습니다.

> 인터페이스는 명료하고 간단해야 한다.
> 페이지는 즉시 로드되어야 한다.
> 검색 결과의 게재 순위는 절대로 판매하지 않는다.
> 사이트의 광고는 관련 있는 정보를 제공해야 하며, 사용자에게
> 혼란을 주어서는 안 된다.

위에서 이탤릭체로 쓴 문장이 바로 내가 하고 싶은 말이다. 지구상에 존재하는 거의 모든 기업이 회사의 비전과 목표에 '고객', '소비자', '사용자'라는 단어를 넣는다. 명판에 문구를 새겨 회의실이나 로비에 걸어둔 모습이 멋져 보이긴 하지만, 정말로 그들이 진심을 담아 그 단어들을 목표에 넣었을까? 고객이든 소비자든, 사용자 또는 그 누가 됐든 목표에 명시한 사람들을 위해 희생할 준비가 되어 있을까?

진심에서 우러나오지 않은, 감정적 교감이 없는 목표는 결국엔 기업 스스로에게 상처로 돌아올 것이다. 고객들은 무심해지거나 반감을 느끼게 되고, 회사의 우수한 직원들도 회사를 위해 전력을 다하지 않을 것이다. 아니, 더 좋은 회사에서 일하기 위해 당신을 저버릴지도 모른다.

## 외부적 교감

목표에 내재적으로 또는 개인적으로 교감하기 위해 할 수 있는 일은 모두 했는데도 여전히 무언가 더 필요하다고 느끼는가? 그렇다면, 앞에 언급한 하버드대학 경제학자인 롤랜드 프라이어가 열악한 환경에 놓인 아이들의 학습적 동기부여와 경제적 보상 간의 관계를 연구한 것처럼, 당신도 스스로를 동기부여하고 의욕을 불러일으킬 수 있는 외부적 보상이 무엇이 있는지 찾아야 한다. 외부적 보상은 효과적으로 활용할 경우 당신이 목표를 향한 출발선상에 서는 데 큰 힘이 된다.

물론 외부적 보상의 효과를 의심하는 사람도 있고, 오히려 목표에 전념하는 데 방해가 된다고 주장하는 사람들도 있다. 일례로, 금연을 결심한 1,200여 명의 성인을 대상으로 워싱턴 주에서 수행한 연구를 살펴보자.[11] 이 연구에서 연구 대상자들은 몇 개 그룹으로 나뉘었고, 그중 한 그룹에게는 금연 보조제를 구입할 수 있는 금전적 인센티브를 제공했다. 그런데 금전적 인센티브가 금연 보조제 사용을 증가시키기는 했지만 금연에 대한 내재적 동기를 약화시켰기 때문에, 실제로 사람들의 금연 비율을 높이지는 못했으며 재흡연율이 증가했다는 연구 결과가 나왔다.

이를 보고 물질적인 외부적 보상이 자발적 동기를 방해한다고 생각하는 사람도 많을 것이다. 하지만 사실은 그렇지 않다. 이 연구 결과를 그대로 받아들이기 전에 우리는 금연에 성공한 사람들에게 주어진 물질적 보상이 무엇인지 살펴봐야 한다. 이 연구에서는 두 가지 보상이 주어졌다. 도자기로 만든 머그잔과, 하와이·푸에르토리코의 산후안 섬·시애틀 중 한 곳을 여행할 수 있는 여행권이었다.

한때 담배를 피웠던 사람으로서, 나는 이러한 '물질적 보상'을 이해할 수 없다. 우선, 머그잔은 담배를 끊고 싶은 의욕이 전혀 생기지 않는 물건이다. 집 안 여기저기 굴러다니고 있는 머그잔들을 생각하면, 나는 연구자들에게 '이놈의 몹쓸 물건'을 당장 가져가라고 흔쾌히 줘버리고 싶다. 사실, 머그잔은 금연하려는 의욕을 꺾는 물건이다. 그냥 피우는 담배 한 개비보다 커피와 함께하는 담배 한 개비가 얼마나 맛있는지 담배를 피우는 사람은 다 알 것이다. 따라서 부지불식간에 담배를 떠올리게 만드는 물건이 머그잔인 것이다. 그럴 바에야 차라리 라이터랑 말보로 담배 한 갑을 주는 편이 나을지도 모른다.

하와이 여행권은 어떨까? 흡연자들이 조금이라도 수학적 사고를 하는 사람들이라면, 이렇게 생각할 것이다. '여행 상품 가격이 대략 3,000달러일 것이고, 내가 당첨될 확률은 300분의 1(0.33퍼센트) 정도군. 이걸 가격으로 환산하면 약 10달러가 되겠군(3,000달러 ×0.33퍼센트).' 지구상의 어떤 흡연자도 담배 생각을 더 나게 만드는 머그잔이나 10달러로는 담배를 끊어야겠다는 의욕을 느낄 수 없다.

〈뉴잉글랜드 저널 오브 메디슨 The New England Journal of Medicine〉에 실

린 한 논문에서는 인센티브가 효과적으로 작용한다는 사실을 밝혀냈다.[12] 이 논문은 좀 더 슬기롭게 금전적 동기를 활용했다. 연구 대상자 절반은 금연 프로그램에 대한 정보를 제공받았다. 나머지 절반은 금연 프로그램 정보와 함께 금전적 인센티브를 제공받았다. 금연 프로그램에 참가하는 경우 100달러가 기본적으로 지불되었고, 연구에 참가한 이후 6개월간 담배를 끊을 경우 250달러가 추가되었으며, 6개월 더 금연 상태를 유지할 경우 400달러가 또 추가되었다. 금연 상태를 측정하는 데는 코티닌 검사니코틴이 체내에서 분해되면서 만들어지는 물질인 코티닌의 양을 측정하는 방법으로, 금연 여부를 진단하는 방법 중 가장 많이 사용된다-옮긴이가 실시되었다.

그렇다면, 10달러보다 750달러가 더 효과적이었을까? 연구에 참여하고 나서 9개월 내지 12개월 동안 담배를 끊은 비율은 금전적 인센티브를 받은 그룹이 정보만 제공받은 그룹보다 294퍼센트 높았다. 또한 15개월 내지 18개월 동안 담배를 끊은 비율도 인센티브를 받은 그룹이 정보만 제공받은 그룹보다 261퍼센트 높았다. 인센티브를 받은 그룹은 금연 프로그램에 등록한 비율이 거의 세 배나 높았고, 프로그램 이수율도 네 배 이상이었으며, 처음 6개월 이내에 담배를 끊은 비율도 거의 두 배나 높았다. 이렇게 볼 때 외부적 보상은 분명 효과가 있다.

이상적인 세상이라면 내재적 교감과 개인적 교감만으로도 충분할 것이다. 하지만 현실적으로 당신에게 여전히 다른 무언가가 필요할 때는 외부적 보상이 도움이 된다. 이때 가장 중요한 것은 어떤 종류의 외부적 보상이 효과가 있는가이다.

콜롬비아대학의 에드워드 토리 히긴스E. Tory Higgins 교수가 내놓은 '규제 적합성Regulatory Fit'이라는 개념이 있다. 이는 의사 결정자가 추구하는 목표와 목표를 실현하는 방법 간의 적합성을 밝힌 동기부여이론으로,[13] 기본적으로 이 이론은 인센티브가 사람들이 목표를 인식하는 방식과 '일치하거나 적합해야' 한다고 주장한다.

히긴스 교수와 연구진은 실험 참가자들에게 숏더문Shoot the Moon이라는 게임을 하게 했다. 이 게임은 금속 막대기 두 개를 움직여 작은 금속 구슬을 굴리는 게임으로, 1940년대부터 많은 사람들이 즐겨왔다. 정확한 순간에 막대기를 벌려 구멍 속으로 구슬을 떨어뜨리면 점수를 받는데, 간단한 규칙과는 달리 상당한 기술을 요하는 게임이다.

먼저 진행한 실험에서 연구진은 사람들이 어떤 종류의 게임을 즐기는지 알아보기 위한 실험이라고 설명하며 참가자들에게 편하게 게임을 즐기라고 말했다. 그리고 게임에서 이길 경우 보상으로 펜 한 자루를 주었다. 이때 한 그룹에게는 마치 업무를 수행하듯 심각한 분위기로 보상하고, 진지한 표정으로 칠판에 점수를 표시했다. 다른 그룹에게는 마치 놀이 공원이나 축제 행사장에 있는 상품 타기 게임처럼 즐거운 분위기에서 보상을 주고, 포커 게임에서 사용하는 칩으로 점수를 표시했다. 이렇게 한 뒤 연구진은 게임에 참여한 사람들에게 자유 시간을 주고, 과연 각 팀에서 몇 명이나 계속 게임에 참여하는지, 몇 명이 잡지를 읽거나 컴퓨터 게임을 하는 등 다른 일을 하는지 은밀하게 관찰했다.

결과는 대단히 흥미로웠다. 즐거운 보상은 신나는 활동에 '적합' 했다. 즐거운 분위기에서 보상을 받은 사람들은 자유 시간에도 게임을 계속했다. 반대로 심각한 보상은 신나는 활동에 전혀 적합하지 않았으며, 게임을 하려는 욕구도 떨어뜨렸다. 즐거운 보상을 받은 사람들 중 71퍼센트나 되는 사람들이 자유 시간에도 계속 게임을 한 반면, 심각한 보상을 받은 사람들은 겨우 44퍼센트만 게임에 임했다.

이어진 실험에서 숫더문 게임은 재무와 관련된 보다 진지한 업무로 대체되었고, 연구진은 이 실험이 마치 인생에서 겪을 중요한 일을 대비하는 것인 듯 진지하게 설명했다. 그리고 이전 연구와 마찬가지로 업무를 수행하면 보상으로 펜을 제공하겠다고 참가자들에게 전달했다. 이때 한 그룹에게는 진지한 방식으로 보상 정보를 설명하고, 다른 그룹에게는 즐겁고 신나는 방식으로 설명했다.

결과는 어땠을까? 자유 시간 동안 무슨 일을 할지 선택하라고 하자, 진지한 분위기에서 보상 정보를 들었던 사람들 가운데 자발적으로 업무를 다시 하겠다고 선택한 사람이 훨씬 많았다. 즐거운 게임과 즐거운 보상이 어울리는 것과 마찬가지로 진지한 활동에는 진지한 보상이 훨씬 적합했던 것이다.

최종 결론은 이렇다. 보상은 반드시 활동에 적합해야 한다. 위기가 닥칠 때 직원들에게 더 열심히 일하라거나, 조금 더 희생하라거나, 또는 다른 사항들을 요구함으로써 어려운 시기를 극복해낸 기업들이 많다. 그런데 그 위기를 극복한 뒤, 성공을 축하하기 위해 파티를 열거나 야유회를 개최하는 경우가 많은데, 그러한 행사는 대부분 실패한다. 왜 그럴까? 즐거운 보상이 진지한 활동에는 적합하지 않기 때문이다. 일이 아닌 경우에서도 마찬가지다.

## 내재적 동기와 외부적 동기, 어느 것이 최선인가?

어떤 유형의 동기가 최선이냐는 질문에 대답하기 전에, 먼저 내재적 동기와 외부적 동기의 차이를 보여주는 사례를 하나 소개하려 한다. 내 아내는 달리기를 좋아한다. 달리면서 느끼는 긴장 완화, '러너스 하이runner's high. 마라톤 선수들이 죽을 것 같은 고통을 느끼다가도 어느 순간 엄청난 희열을 느끼는 쾌감을 말한다—옮긴이' 등 달리기와 관련된 모든 것을 좋아한다. 아내에게 달리기란 내재적으로 동기가 부여된 활동이다.

내 경우엔 그렇지 않다. 나에게 달리기란 힘들고 고통스럽고 머리가 띵해지는 운동이며, 게다가 난 빠르지도 않다. 그래도 나는 달린다. 나는 건강해지기 위해 달리기도 하지만, 솔직히 말하자면 마라톤 경기에서 받는 티셔츠 때문에 달린다. 이 티셔츠는 나에게 또 다른 외부적 동기다. 사람들이 그 티셔츠를 보고 마라톤 경기에 대해 질문하면 내 기분이 좋아지기 때문이다. 나에게 달리기는 외부적 동기가 부여된 활동이다. 이처럼 나와 내 아내는 둘 다 마라톤을 하지만, 달리는 이유는 전혀 다르다.

외부적 동기보다 내재적 동기가 더 좋은 방법이라고 주장하는 사람들이 있다. 그들은 더 나아가 외부적 동기가 실제로 내재적 동기를 손상시킨다고 말하기도 한다. 이런 견해를 뒷받침하는 한 연구는 '놀이가 일이 된다'고 주장하기도 했다.[14]

연구진은 펠트펜으로 그림 그리는 유치원 아이들을 연구했다. 아이들이 그림을 그리는 자체는 내재적으로 동기가 부여된 활동이라고 말할 수 있다. 아이들은 세 그룹으로 구분되었다. 첫 번째 그룹은 '기대 보상 조건'을 적용한 집단으로, 아이들은 그림을 잘 그린 사람에게 주는 상장을 받기 위해 그림을 그렸다. 두 번째 그룹은 '기대하지 않은 보상 조건'을 적용한 집단으로, 아이들은 그림을 다 그린 뒤에 예상치 못한 보상을 받았다. 세 번째 그룹은 '통제 조건'을 적용한 집단으로, 아이들은 어떤 보상도 받지 않고 그림만 그렸다.

일주일 후, 아이들을 모두 불러 그림을 다시 그리게 하고, 이번에는 어떠한 그룹에게도 보상을 하지 않았다. 결과는 어땠을까? '기대 보상 그룹'에 속했던 아이들은 내재적 동기가 감소한 반면, 다른 두 그룹의 아이들은 내재적 동기를 유지했다.

만약 활동 자체와 부합하지 않는 형편없는 보상, 즉 그릇된 행동을 유발하거나 자율성을 약화시키는 보상을 준다면, 상대방의 동기 유발에 오히려 치명적인 독이 되는 것은 사실이다. 하지만 그렇다고 외부적 동기가 무조건 나쁜 것은 아니다.

사실 위와 같은 종류의 연구들은 매우 이론적이며, 중요한 두 가지 사실을 놓치고 있다. 첫째, 현실 세계에서 내재적 동기와 외부적 동기를 깔끔하게 구분하는 것은 거의 불가능하다. 한 연구에서 참가자들에게 어떤 평가를 완수하게 하고 그들의 내재적 동기와 외부적 동기를 측정했는데, 이때 둘 사이의 상관계수는 0.4였다. 통계학에서 상관계수가 0.3 이상이면 어느 정도 상관관계가 높다고 하는 것을 감안하면, 이 둘이 완전히 정반대에 있지도 않고, 완벽하게 구분된 별개의 사항도 아니라는 것을 알 수 있다. 사실, 두 가지 동기는 어느 정도 관련되어 있다.

하지만 설령 내재적 동기와 외부적 동기를 완벽하게 구분할 수 있다 하더라도 또 다른 문제가 남아 있다. 비록 당신이 어떤 일에 애정을 느낀다고 해도, 환경은 변하기 마련이고, 어느 순간 더 이상 마음에서 우러나오는 즐거움을 느끼지 못할 수도 있다. 박사 과정이 힘겹다는 이유로 문학책 읽기를 더 이상 사랑하지 않게 된 여성을 다시 떠올려보자. 그녀는 어떻게 해야 할까? 내재적 동기가 사라졌으니 이제 박사 과정을 중단해야 할까? 아니면 새로운 동기요인을 찾아 목표에 더 깊이 감정적으로 교감하여, 박사 학위를 따고 결국 영문학과 교수가 돼야 할까? 당신은 어떤 길이 이 여성에게 가장 훌륭한 객관적 성취(실제 목표 수행)와 주관적 성취(강한 성취감)를 가져다줄 것이라고 생각하는가?

나는 몸에 좋은 음식을 섭취하고, 운동을 하고, 담배를 끊고자

노력하고, 수입을 쪼개 저축하고, 회사 업무에 정신없지만, 이와
같은 일들에 내재적으로 동기를 부여하지 않는다. 나는 이러한 활
동을 했을 때 얻게 될 외부적 보상에 감정적으로 강하게 결탁되어
있다. 이런 일들을 함으로써 나는 내 가족과 더 건강하고 행복하게
살 수 있기 때문이다.

그럼 내가 내재적으로 동기를 부여한 일들은 어떤 것일까? 여기
내가 직접 작성한 목록이 있다.


- 아내와 여행하기
- 아이들과 놀아주기
- 버펄로 지역 스타일의 피자 먹기
- 해변에 앉아 있기(버펄로는 겨울철 한파가 매서운 곳이라, 이곳에
  서 자란 사람들에게는 따뜻함과 모래사장에 대한 욕구가 분명 있을
  것이다.)
- 업무와 연관되지 않은 모든 일들
- 연구하기, 연구 내용 집필하기, 내가 집필하거나 연구한 내용
  에 대해 이야기하기


이 목록을 보고 어쩌면 이렇게 묻는 사람도 있을지 모르겠다.

"그렇다면 당신은 회사에서 CEO로 일하고 회사를 더 크게 성장
시키는 일에는 관심이 없나요?"

나는 그런 일들을 상당히 좋아하고, 꽤 잘하고 있다. 그러나 내

가 그 일을 하는 주된 이유는 그 일을 통해 내가 좋아하는 연구나 집필을 할 수 있기 때문이다. 나는 아이디어의 세계를 사랑한다. 반면에 계약과 예산, 회의, 결재, IT 보안 등의 일은 나를 크게 흥분시키지 않는다. 회사를 관리하는 일은 매일같이 채소를 먹는 일과 별반 다르지 않다. 내가 관리 업무를 잘해야 회사가 잘 돌아가고, 그래야 궁극적으로는 집필 활동처럼 내재적으로 동기를 느끼는 일에 시간을 더 많이 낼 수 있다. 실제로 외부적 보상은 더 많은 일을 하게도 하지만, 내재적으로 동기를 부여한 일에 더 몰입하게도 한다.

구글의 '20퍼센트 시간'이라는 방침을 알고 있는가? 이는 구글 개발자들이 일주일 중 하루는 자신의 직무가 아닌 다른 일을 선택해 하는 것을 말한다. 개발자들은 새로운 무언가를 개발하거나, 고장 난 것들을 고치거나, 앞으로 나올 구글의 멋진 기능을 만드는 데 이 시간을 활용할 수 있다. 구글은 이에 대해 이렇게 말한다.

"우리는 엔지니어들이 진정으로 열정을 느끼는 것들을 자유롭게 작업할 수 있도록 '20퍼센트 시간'을 제공했습니다. 그 결과, 구글 서제스트Google Suggest. 검색창에 철자를 입력하면 자동으로 완성된 단어를 추천해주는 서비스—옮긴이, 애드센스 포 콘텐트AdSense for Content. 웹페이지와 관련된 광고를 띄워 수익을 올릴 수 있는 구글의 대표적인 광고 프로그램—옮긴이, 오르컷Orkut. 구글의 온라인 커뮤니티 사이트—옮긴이 같은 것들이 탄생할 수 있었습니다."[15]

구글은 직원들을 위한 외부적 보상이 어떻게 내재적으로 동기 부여된 작업의 형태로 나타날 수 있는지 보여주는 좋은 예다. 구글은 이를 통해 위대한 하드 골을 열정적으로 수립하고, 추진하여, 성취해냈고, 엄청난 수익을 창출할 수 있었다.

## 당신이 진정으로 원하는 것은 무엇인가?

다이애나 스프로베리Diana Sproveri는 재능 있는 시나리오 작가였다. 미국 동부에서 성장했으며 뉴욕에서 잠시 작가로 활동했던 다이애나는 할리우드로 건너가 시나리오 작가가 되겠다고 결심했다. 다이애나에게는 그만한 재능이 있었기 때문에 직장을 구하는 데는 오랜 시간이 걸리지 않았다.

꽤 오래전, 나는 니켈로디언Nickelodeon. 미국 케이블 TV 어린이 전문 채널-옮긴이에서 방영하는 〈트루 잭슨, 브이피True Jackson, VP〉 촬영장에서 다이애나가 집필한 시트콤을 찍는 동안 그녀와 자리를 함께했는데, 다이애나는 훌륭한 시나리오 작가이긴 했지만 그 일을 그리 즐기지는 않는 것 같았다. 어떤 일을 잘한다고 해서 그 일을 사랑하는 건 아니라는 사실은 매우 중요한 교훈이다. 나는 다이애나와 함께 자신을 '끌어당기는 것'과 '밀어내는 것'에 대해 이야기를 나누었다.

다이애나는 최근 자신이 흠뻑 빠져 헤어 나오지 못하는 일이 무엇인지 이야기하다 스스로 답을 찾고는 깜짝 놀랐다. 그녀는 아들이 잠자는 동안, 가족이 먹을 케이크나 쿠키 레시피들을 정리하곤

했다. 워낙 오래전부터 빵 만드는 일을 좋아했는데, 근래 그 일을 한 차원 높은 수준까지 끌어올렸다. 전통적인 맛을 지키는 동시에 탁월한 예술적 장식을 가미하여 파티에도 잘 어울릴만한 케이크를 만든 것이다. 다이애나는 이렇게 말했다.

"어머니와 할머니가 쓰시던 레시피를 사용하되 파티에도 어울릴 만큼 충분히 아름답고 화려하며, 향과 맛이 어울리는 정말로 고급스러운 케이크를 만들고 싶었어요. 30~40번 정도 실패한 뒤에야 제가 원하는 케이크를 완성할 수 있었죠."

다이애나는 생각하면 할수록 자신이 시트콤 시나리오를 집필할 때보다 케이크를 만들 때 성취감을 더 많이 느낀다는 사실을 깨달았다. 급기야 그녀는 빵 만드는 일에 뛰어들었다.

"내가 세운 목표가 어렵고 힘든 건 사실이지만, 사람들이 특별한 디저트를 원할 때 제일 먼저 떠오르는 사람이 될 수 있을 거라는 확신은 있었어요. 직원을 고용할 여력이 없었기 때문에 모든 일을 혼자 해야 한다는 사실도 잘 알고 있었죠. 밤낮 없이 일에만 매달려야 할 거라는 사실도요. 무모하게 보일지 모르겠지만, 너무나 옳다고 판단했기 때문에 무조건 노력할 수밖에 없었어요."

다이애나는 손수 만든 케이크나 쿠키를 할리우드 영화사에 근무하는 친구들에게 가져다주기 시작했다. 사람들은 그녀가 만든 케이크를 맛보았고, 소문은 삽시간에 퍼졌다. 나 역시 그녀의 케이크를 먹어보았다. 케이크를 여러 조각으로 나누어 겉에 초콜릿을 입히고 막대기를 꽂아 마치 케이크로 만든 커다란 막대 사탕 같은 모양이었는데, 정말 맛있고 아름다운 케이크였다.

　물론, 아이가 잠을 자는 시간과 저녁 시간을 이용해 사업을 한다는 것은 쉽지 않은 일이다. 그래서 다이애나는 행사 한 건을 예약받을 때마다 멋진 주방 도구를 구입한다거나 하는 방식으로 자신에게 외부적 동기를 가했다. 그녀가 진심을 다해 자신의 목표를 위해 헌신했고 매우 열정적이었기 때문에 사람들은 그런 그녀에게 방송과 행사장의 디저트 테이블을 맡겼고, 그녀가 만든 케이크와 쿠키를 예약했다. 다이애나는 자신의 하드 골과 진정으로 하나가 되었다. 많은 사람들이 삶을 더 쉽게 살려고, 더 적게 일하려고 애쓰는 것과 달리, 다이애나는 디저트를 통해 자신의 삶의 또 다른 이벤트를 준비했다.

　자신의 목표와의 진심 어린 교감은 얼마나 효과가 있었을까? 놀랍게도 다이애나는 〈피플People〉, 〈에브리데이 위드 레이첼 레이 Everyday with Rachael Ray〉, 〈선셋Sunset〉, 〈할리우드 투데이〉 등에서 앞다투어 다루는 주요 인물이 되었다. 그녀는 그래미 시상식 파티를 준비했고, 오스카 시상식에서는 선물 바구니를 제공했다. 현재 다이애나는 사업 확장을 모색하고 있다. 만약 당신이 자신의 목표와 진정으로 하나가 된다면, 다이애나가 그랬던 것처럼 최고의 성공을 이루어낼 수 있을 것이다.

# 생생한 목표

Heartfelt
Animated
Required
Difficult

# ANIMATED

------------------------------------------------------------

1. 생기 있는, 살아 있는, 생물인
2. 싱싱한, 활기에 넘치는, 기운찬
3. 동화의, 만화영화의

천 마디 말보다 한 번 보는 게 낫다.

우리 인간은 시각적인 존재이며, 이미지에 반응한다. 사실 인간은 시각에 매우 의존하기 때문에 평소 사용하는 말에도 '본다, 그린다, 밝힌다' 등 시각적인 단어들이 많다. 이미지가 우리 눈앞에 펼쳐진 종이나 화면 위에 있건, 아니면 머릿속에 있건 그건 상관없다. 그저 어떠한 대상을 떠올리고, 그려볼 수만 있다면, 우리는 그 대상을 훨씬 잘 이해하고 받아들일 수 있게 된다.

당신이 한 시간 동안 내 귀에 대고 수많은 이야기를 퍼붓는다 해도, 나는 당신이 들려준 이야기 중 상당 부분을 기억하지 못할 것이다. 그러나 나에게 그림을 한 장 보여준다든가, 당신이 하고 있는 이야기를 머릿속으로 그려볼 수 있게 도와준다면, 당신은 500~600개의 단어를 말하는 수고를 피할 수 있을 것이다. 그리고 나는 그림을 보거나 심상을 떠올린 뒤, 당신의 이야기에 더욱 깊은 인상을 느끼게 되고, 당신이 전하는 메시지를 더 많이 기억하게 될 것이다.

지금까지의 이야기를 전문 용어로 표현하면 '그림 우월성 효과 pictorial superiority effect'라고 한다. 이는 정보가 시각적일수록 기억할 가능성이 커진다는 개념이다. 그렇다면 어느 정도까지 더 잘 기억할 수 있을까? 우리가 정보를 듣기만 했을 경우, 72시간이 지난 후 완전기억능력total recall을 측정하면 약 10퍼센트에 불과하다. 그러나 그림을 추가로 보여줄 경우, 수치는 65퍼센트까지 올라간다.[1] 꽤 큰 차이이다.

당신은 지금 이 순간에도 시간이나 에너지, 관심, 기억력 등의 한계 때문에 여러 가지 목표를 펼쳐놓고 고민하고 있을 것이다. 사람은 물론이고 기업이나 국가 역시 동시에 여러 가지 목표를 추구해야 할 일이 생긴다. 그래서 어떤 목표는 선택되어 실행되고, 어떤 목표는 쓰레기처럼 버려진다. 따라서 목표를 추구할 것인지 말 것인지에 대한 결정은 우리 마음속에 들어 있는 목표를 얼마나 분명하고 생생하게 그릴 수 있느냐에 달려 있다.

목표를 달성하고 싶은 마음은 누구나 마찬가지겠지만, 결국 이미지를 잘 떠올리는 사람이 목표를 달성하기 마련이다. 만일 당신의 목표가 체중을 15킬로그램 감량하는 것이라고 해보자. 스키니진을 입은 자신의 모습이 얼마나 근사할지 생생하고 구체적으로 머릿속에 각인되어 있다면, 당신이 냉장고 문을 열 때마다 그 이미지가 강렬하게 떠오르게 될 것이고, 결국 당신은 다이어트를 포기하지 않고 원하는 목표를 달성하게 될 것이다. 그러나 체중은 감량하고 싶지만, 다이어트나 운동을 하는 자신의 모습을, 그리고 훨씬 날씬해진 자신의 모습을 그려볼 수 없다면, 당신의 목표는 실현되지 못할 가능성이 높다.

당신의 목표가 회사를 두 배 성장시키는 것이라고 가정해보자. 그런데 직원들 입장에서는 200퍼센트 성장한 회사의 모습을 떠올리는 것보다 현 수준을 유지하는 회사를 떠올리는 편이 더 쉬울 것이다. 그래서 직원들은 당신이 정한 목표를 받아들이려 하지 않고, 매 순간 늦장을 부릴 것이다. 만약 직원들 중 누군가가 "내가 왜 이 일을 하는지 모르겠어요"라고 말한다면, 그것은 절대로 그 일을 자발적으로 하지 않는다는 좋은 증거라고 봐도 좋다.

조금 특이한 예를 들어보자. 만약 당신이 색色이 사라지는 세계를 구하려 한다고 가정해보자. 현재 지구상의 모든 생물들이 색을 잃어가고 있으며, 당신은 옛날 흑백텔레비전처럼 머지않아 세상이 완전히 검은색과 흰색으로 변할 것이라는 과학적 증거를 확보했다. 또한 지구 외딴 곳에서는 이미 색이 사라지고 있고, 무지개 발생율도 40퍼센트까지 감소했다고 한다. 마지막으로, 이러한 색상 유실의 원인이 바로 인공착색제에 있다는 사실을 알아냈다. 사람들이 먹는 식품에 들어 있는 인공착색제가 색을 전부 빨아들이고 있다는 것이다.

이제부터 당신은 야심에 찬 세계적인 '인플루엔서influencer. 타인에게 영향력을 발휘해 자신이나 다른 사람들의 행동을 변화시키는 존재-옮긴이'로서 하드 골을 세워야 한다. 당신은 이 세상이 색을 잃어가고 있다는 사실을 세상 모든 사람들에게 납득시켜야 하며, 색이 사라지는 것을 막기 위해서는 인공착색제가 들어간 식품을 먹지 말아야 한다고 사람들을 설득해야 한다.

이는 사람들의 생각을 바꾸고 변화된 행동을 이끌어내야 하는 상당히 어려운 목표이다. 그리고 이때 가장 어려운 일은 세상 사람들에게 세상이 색을 잃어가고 있다는 사실을 납득시키는 일이다. 만약 당신이 인공착색제가 들어간 식품을 먹으면 죽을 것이라는 이야기에 수긍한다면, 당신은 당장 그것을 그만 먹을 것이다. 그러나 그 위험성에 공감하지 못한다면, 당신은 계속해서 그것을 먹을 것이다. 당신은 세상이 고유의 색을 잃어가고 있다는 당신의 주장을 어떻게 사람들에게 납득시킬 것인가? 주위를 한번 둘러보라. 사과는 무슨 색인가? 하늘은? 잔디는? 당신 자동차는? 다 알아볼 수 있지 않은가? 이런 상황에서 어떻게 당신의 주장을 계속하겠는가?

세상이 고유의 색을 잃어가고 있다는 사실을 사람들에게 납득시키려 할 때 가장 큰 난관은 여전히 주변 어디에서든 색을 볼 수 있다는 데 있다. 당신은 세상이 색을 잃어가고 있다는 것을 사람들에게 납득시키기 위해 애쓰지만, 사람들은 검은색과 흰색으로 변하는 세상을 떠올릴 수도 없거니와, 흑백텔레비전조차 거의 기억하지 못한다. 그리고 당신의 '주장'을 아무리 그럴듯한 과학 용어와 화학식으로 만들어 보여줘도, 이는 사람들을 설득할만한 강렬한 이미지가 되지 못한다. 이와는 대조적으로, 당신의 주장에 반대하는 사람들은 군침 돌게 하는 인공착색제가 들어간 식품에 끊임없이 유혹당한다. 여전히 이 세상은 아름다운 색으로 가득하기 때문이다.

당신은 과학에 대해서 잘 안다. 건강에 대해서도 잘 안다. 하지만 아무리 논리적이고, 이치에 맞고, 공공의 선을 위해 애쓰더라도, 당신이 시각 자료가 얼마나 절대적인지 깨닫지 못하면, 사람들은 당신의 주장에 설득되지 않는다. 당신이 이미지를 형상화하는 능력을 개선하지 않는 한, 당신의 주장을 믿고 그에 따르겠다는 사람은 나타나지 않을 것이다. 세상이 완전히 검은색과 흰색으로 변하고 나서야, 사람들은 당신이 애써 전하고자 했던 이야기에 공감할 것이다.

이번 장의 제목을 '생생한 목표 Animated goal' 라고 이름 붙이긴 했지만, 이 장에서 다루는 내용을 설명할 수 있는 단어는 '그리기 picturing, 시각화하기 visualizing, 예상하기 envisioning, 상상하기 imagining' 등 다양하다. 내가 '생생한 animated' 이라는 단어를 선택한 이유는 이 단어가 이미지 형상화를 설명하는 데 가장 탁월한 표현이기 때문이다. '영감을 불어넣다, 고무하다, 강화하다, 실물과 똑같이 만들다' 등은 모두 'animate' 를 정의하는 표현들이다. 그리고 당신이 목표를 위해 해야 할 일이 바로 이것이다.

당신의 목표가 노력할만한 가치가 있는, 설득력 있는 목표로 느껴지게 하려면, 당신의 목표를 구체적으로 떠올릴 수 있어야 한다. 비록 연필로 대충 그린 그림이나 꿈이라 하더라도, 당신의 목표를 자꾸만 그려볼수록 목표는 점점 더 현실적으로 느껴진다. 그리고 현실적으로 느껴지는 목표일수록 실현 가능한 목표가 되고, 그렇게 되면 당신은 자신의 목표를 삶의 일부로 받아들일 수 있게 된다.

뇌의 영역 중 시각적인 정보를 담당하는 부분을 활성화하면 당신의 의식은 지대한 영향을 받는다. 영화에서 일어난 장면을 보고 얼마나 많은 사람들이 지구에 충돌하는 소행성을 떠올리며 흥분하는지 생각해보라. 또 영화 〈록키〉를 보고 나서, 키 174센티미터의 이탈리아 남자들이 모두 헤비급 권투 선수가 될 수 있을 것이라고 생각하는 건 어떤가? 사실, 아직도 나는 〈록키 4〉의 주인공과 이반 드라고 Ivan Drago의 결투가 냉전을 종결시켰다고 확신하고 있다.

"목표를 그릴 수 있으면 이룰 수 있다"라는 말처럼 판에 박힌 소리를 하고 싶지는 않다. 그 말은 지나치게 단순화되어 있다. 대신, 이렇게 말해보자. 당신이 어떤 목표를 그려볼수록, 점점 더 강력하게 뇌 속에 각인되고, 더욱 깊이 삶과 의식 속으로 스며들어, 결국 당신은 그 목표를 달성하게 된다고 말이다.

# 이미지의 우월성

당신이 궁극적으로 성취하고 싶은 것과 그 방법을 생생하게 만드는 방법에는 여러 가지가 있다. 사진이나 그림, 시각화, 연상법을 활용할 수도 있고, 이미지를 떠올리게 하는 표현을 사용하는 것도 좋다. 목표에 적합한 시각 자료는 놀라울 정도로 강력한 동기 요인이 되므로 주저하지 말고 활용해야 한다.

미국 미시간대학 의과대학 연구진은 열상으로 고통받는 응급실 환자 234명을 관찰했다.[2] 환자들은 치료를 받은 후, 집에서 할 수 있는 자가치료 설명서를 건네받고 모두 퇴원했다. 환자들 중 절반은 텍스트로만 작성된 설명서를 받았고, 나머지 절반은 텍스트와 그림으로 작성된 설명서를 받았다. 핵심적인 사항을 만화로 표현한 설명서였다. 사흘 후 연구진은 환자들에게 전화를 걸어 자가치료를 잘하고 있는지 물었다.

전화 통화 결과, 만화로 작성된 설명서를 받은 환자들은 텍스트로만 작성된 설명서를 받은 환자들보다 설명서의 내용을 훨씬 잘 기억하고 있었다. 연구진이 4단계의 상처 치료 과정에 대해 질문했을 때, 만화로 작성된 설명서를 받은 환자들 중 46퍼센트가 정확하게 대답한 반면, 텍스트로만 작성된 설명서를 받은 환자들 중 정확하게 대답한 비율은 6퍼센트에 그쳤다. 게다가, 실제로 자가치료 설명서를 따라 집에서 치료를 하고 있는 비율 역시, 텍스트로만 작성된 설명서를 받은 환자보다 만화로 작성된 설명서를 받은 환자가 43퍼센트 더 높았다. 그리고 만화로 작성된 설명서를 받은 환자들 중 24퍼센트 이상이 처음부터 설명서를 제대로 읽고 이해하고 있었다.

컴퓨터 비밀번호를 기억하는 일처럼 아주 사소한 일에서도 이미지는 효과적이다. 캘리포니아대학에서 수행한 한 연구에서는 컴퓨터 비밀번호를 얼마나 잘 기억하는가에 대해 살펴보았다.[3] 대부분의 사람들은 자신의 온라인 계정 비밀번호를 깊이 생각하지 않고 만든다. 당신이 어떤 사람에 대해 조금만 관심을 기울인다면 그 사람의 비밀번호를 추측할 수 있을 정도다. 예를 들어, 와인을 무척이나 좋아하는 친구가 있다고 가정하자. 당신은 몇 번만 시도하면 그의 컴퓨터 비밀번호가 'merlot 메를로, 적포도주용 포도나무의 하나-옮긴이'라는 사실을 알아낼 수 있을 것이다. 그리고 그는 'merlot'라는 비밀번호를 컴퓨터뿐만 아니라 이메일, 신용카드, 은행, 페이스북 등 자기 계정이 있는 곳이라면 어디든 똑같이 사용하고 있을 것이다. 그러나 'S@uvignon9823 소비뇽9823'이라면 어떨까? 이 비밀번호는 유추해서 알아내기가 상당히 어려우므로 확실히 메를로보다 나은 선택이다.

연구진은 실험 참가자들에게 기존 비밀번호보다 더 나은 비밀번호를 몇 개 만들어볼 것을 요구했다. 최소한 알파벳 여덟 자 이상에, 적어도 대문자 한 개는 들어가야 하며, 소문자와 아라비아 숫자, 특수 문자를 섞어야 했다. 그리고 참가자들에게 '이미지 기억 증진법'과 '텍스트 기억 증진법' 등 기억을 도울 수 있는 방법을 알려주었다.

'이미지 기억 증진법'의 경우, 실험 참가자들은 그림을 살펴보고 자신과 관련 있는 개인적인 사항들을 추출해내 비밀번호로 바꾸는 방법을 배웠다. 예를 들어, 한 여성이 남자 친구의 사진을 보고 "나는 매트와 데이트를 했습니다 I date Matt"라고 말했다고 하자. 이 경우, 이 여성은 'EyeD8M@tt' 라는 식으로 비밀번호를 만들 수 있다. 다른 사람들이 해킹하기에는 상당히 어려우면서도 당사자가 기억하기에는 정말로 쉬운 비밀번호다. 이 여성이 당장 매트를 차버리지만 않는다면 말이다.

실험 결과, '이미지 기억 증진법' 그룹이 '텍스트 기억 증진법' 그룹보다 확실히 우수했다. '이미지 기억 증진법' 그룹에서 만든 비밀번호가 훨씬 더 복잡하고, 해킹하기 어려웠으며, 10분 후든 일주일 후든 사람들이 비밀번호를 기억해내는 시간도 짧았다. 또이 그룹은 비밀번호를 기억하기 위한 노력을 덜 해도 됐고, 비밀번호를 잊어버리는 경우도 상대 그룹보다 적었다.

여기서 얻을 수 있는 교훈은 사진이나 그림, 이미지, 형상화 등을 활용해 정보를 생생하게 만드는 것이야말로 당신이 그 정보를 가장 잘 처리하고 기억할 수 있는 핵심적인 요소라는 사실이다. 따라서 목표를 머릿속에 지워지지 않게 각인시키려면, 목표가 뇌의 전두엽에 생생하게 저장되어 당신이 꾀가 나도 미루거나 잊을 수 없게 하려면, 이미지의 힘을 최대한 활용해야 한다.

그렇다고 글자와 숫자를 일체 사용하지 말라는 것은 아니다. 글을 포기하고 동굴 속으로 돌아가서 그림을 그리는 일이 절대로 진화한 단계는 아니기 때문이다. 글자와 그림은 서로 반대되는 개념이 아니다. 오히려 이 두 가지를 함께 활용하면, 더 수월하게 목표를 달성할 수 있다. 언어학자인 낸시 벨Nanci Bell은 이렇게 말한다.

"시각은 우리 뇌가 언어의 의미를 해석할 때 주로 사용하는 감각이다. 우리의 시각은 나머지 네 가지 감각보다 언어를 더 쉽고 효율적으로 이해하게 만든다."[4]

가끔은 실제 모습을 보여주는 것이 불가능할 때도 있다. 앞서 예로 들었던, 색이 사라지는 문제를 세상 사람들에게 설득시키기 위해 시도 때도 없이 품에서 포스터 보드를 꺼내 보여줄 수는 없다. 또 당신이 작업 현장에서 수많은 직원들에게 연설을 하거나, 칵테일파티에서 술잔을 들고 서 있을 때 그림을 그려 설명하기는 곤란할 것이다. 이럴 때는 이미지를 떠올리게 만드는 단어들을 활용해서 생생한 심상을 불러일으키는 것이 좋다.

훌륭한 정치인들은 대개 연설의 대가들이다. 1961년 미의회 상하양원 합동회의에서 케네디 대통령은 인간을 달에 보내겠다는 계획을 발표했다.

"나는 우리 미국이 앞으로 10년 안에, 인간을 달에 착륙시키고 무사히 지구로 귀환시키겠다는 목표를 반드시 이루어낼 것이라고 믿습니다."

마틴 루터 킹Martin Luther King 목사는 링컨기념관 계단 앞에서 이렇게 말했다.

"나에겐 꿈이 있습니다. 언젠가는 조지아의 붉은 언덕 위에서, 옛 노예의 자손들과 옛 주인의 자손들이 식탁에 둘러앉아 다정한 형제처럼 함께 식사하는 날이 오리라는 꿈입니다."

이 연설의 공통점은 우리가 그들의 말을 생생하게 형상화할 수 있다는 것이다. 달 위에 서 있는 한 사람이, 백인과 흑인이 함께 식사하는 모습이 그려지지 않는가? 그들의 연설은 당시 수많은 사람들의 뇌 속에 생생한 그림으로 각인되었고, 마침내 그들의 목표는 현실이 되었다.

## 목표를 시각화하라

브라이언 스쿠다모어Brian Scudamore는 고등학교를 졸업하기 1년 전, 쓰레기를 이용해서 거대 기업을 만들어보겠다고 결심하고 학교를 중퇴했다. 그리고 1989년 '폐기물 처리 전문'이라는 의미를 담아 회사명을 '1-800-Got-Junk'라고 짓고, 단돈 700달러와 고물 트럭 한 대로 일을 시작했다. 설립 후 5년 만에, 수익은 20만 1,532달러에서 805만 7,563달러로 급증했다. 그는 어떻게 이런 큰 성공을 거둘 수 있었을까? 스쿠다모어는 이렇게 말한다.

"명확한 비전을 그리세요. 당신의 미래가 어떤 모습일지, 어떤 느낌일지, 어떤 역할을 하고 있을지……. 마치 그 미래가 실제로 눈앞에 펼쳐진 것처럼 생생하게 떠올려야 합니다. 그리고 그 이미지를 직원들과 공유하세요. 직원들도 그 그림을 볼 수 있다면, 이를 달성하기 위해 자발적으로 행동하게 됩니다."[5]

즉, 당신의 목표를 그리라는 것이다.

스쿠다모어는 자신의 비전에 활기를 불어넣는 방법으로 '비전 월Vision Wall'을 사용한다. '비전 월'이란, 1-800-Got-Junk 사무실이나 정크션Junktion. 1-800-Got-Junk의 기업문화와 전략을 배우고 토론할 수 있는 교육 장소-옮긴이 건물의 벽면에 마련된, 기업의 목표를 적어두는 공간을 말한다.

"당신이 꿈꾸는 비전을 눈으로 볼 수 없다면, 그 비전을 달성할 수 있을 것이라는 신념도 생기지 않습니다."

스쿠다모어는 〈프로핏 매거진Profit Magazine〉에서 이렇게 말했다. 1-800-Got-Junk '비전 월'에 적혀 있는 기업의 목표에는 '오프라 윈프리 쇼'에 출연하는 것도 포함되어 있었다. 많은 중소기업 대표들이 '오프라 윈프리 쇼'에 나가고 싶다는 꿈을 꾸는 데 그치는 반면, 스쿠다모어는 실제로 그 꿈을 이루어냈다.

그리고 CEO의 아이디어가 아닌 것들은 '상상할 수 있나요?Can you Imagine?'라는 문구 아래에 적게 했다. 마케팅 담당자 안드레아 백스터Andrea Baxter는 "전국의 스타벅스 종이컵에 우리 브랜드가 찍혀 있는 걸 상상할 수 있나요?"라는 아이디어를 비전 월에 적었다. 그녀의 아이디어는 스쿠다모어조차도 너무 어려워서 달성할 수 없을 것이라고 생각했고, 전혀 가능성 없는 하드 골처럼 보였다. 그러나 백스터는 자신의 비전이 이루어질 것이라는 생각을 굽히지 않았고, 머지않아 벽에 게시한 문구는 현실이 되었다.

백스터가 부단히 노력한 결과, 스타벅스 종이컵 메시지인 'The Way I See It내가 세상을 보는 방법' 70번째 시리즈로 스쿠다모어와 1-800-Got-Junk가 실리게 되었다. 메시지 내용은 이렇다.

"사람들은 쓰레기 버리는 일을 어려워합니다. 물건마다 애착을 느끼고 의미를 부여하기 때문이지요. 제가 이 사업을 하면서 한 가지 깨달은 점은 당신이 정녕 놓아버릴 수 없는 것은 바로 당신 자신밖에 없다는 사실입니다."

백스터는 자신의 목표를 놓아버릴 수 없었다. 백스터의 목표는 그와 하나가 되었고, 그 결과, 1-800-Got-Junk의 메시지는 스타벅스 컵 천만 개에 인쇄되어 북아메리카 전역에 있는 스타벅스 고객들의 손 안으로 들어가게 되었다. 목표를 이룬다는 것은 얼마나 근사한 일인가?

당신은 어떻게 당신의 하드 골을 생생하게 할 것인가? 답은 그림이다. 당신이 그림 그리기에 소질이 없다 해도 걱정할 필요 없다. 당신은 이제부터 목표를 생생하게 그리는 작업을 할 것이며, 목표를 생생하게 그리면 그 비전이 너무나 분명하게 보여서 마치 목표를 달성한 것처럼 느끼게 될 것이다.

목표를 생생하게 그리는 과정은 이런 식으로 진행된다. 당신의 목표가 체중 감량이라면, 살을 뺀 후 당신의 몸이 어떤 모습일지 상상해보고, 이미 자신이 목표 체중을 달성한 것처럼 생각해보라. 예를 들어, 바지 단추를 다 채웠는데도 여전히 허리춤이 느슨하다는 상상을 해보면 어떨까? 날씬해진 자신의 모습을 보고 혼자서 뿌듯해하는 순간을 상상해보거나, 집에 있는 누군가에게 자신의 모습을 보여주려고 거실로 뛰쳐나오는 장면을 그려보는 건 어떨까?

당신의 목표가 금연이라면, 자녀들과 함께 노는 모습을 그려봐도 좋다. 아마 당신은 로키산맥에서 가족들과 산악자전거를 타거나 말리부에서 파도타기를 하고 있을 것이다. 당신은 가족들과 웃고 있다. 몸은 젖었고, 약간 춥기는 하지만 신경 쓰이지 않는다. 무엇보다 당신은 예전보다 훨씬 편안하게 숨을 쉴 수 있고, 건강하다. 혹은 혼자 있는 상상을 해도 좋다. 홀로 아침 햇살을 맞으며 가만히 앉아, 담배를 피우지 않고 커피 한 잔을 즐기는 자신의 모습을 그려보라. 이러한 모습들이 당신을 얼마나 황홀하게 만드는가?

승진했다는 소식을 듣고 너무나 기뻐서 정신 나간 사람처럼 펄쩍펄쩍 뛰어다니는 모습을 그려보는 것도 좋다. 마라톤 결승선을 통과한 당신을 친구들이 안아주는 장면을 상상해보는 것은 어떨까? 등 뒤에서 흘러내리는 땀이 느껴지는가? 경기가 끝난 뒤, 당장 당신이 제일 좋아하는 식당으로 달려가 탄수화물이 가득한 음식을 우걱우걱 먹는 모습을 상상하는 건 어떨까? 혹은 은퇴 후 아르헨티나의 보카 지역에서 생활하고 싶다는 꿈을 꾸고 있다면, 발밑에 펼쳐지는 푸른 잔디와 저 멀리 치자나무 숲에서 날아오는 아름다운 향기를 상상해보는 건 어떨까? 그리고 이제부터 당신의 시간이 100퍼센트 자신의 것이라는 것을 깨닫는다면 어떤 기분이 들까? 당신이 목표로 이루고 싶은 것이 무엇이든 생생하게 떠올리고 세세한 부분까지 적어보라.

그런데 당신이 세운 목표의 상당수가 시각화하기 어려울 수도 있다. 특히 기업이나 재정 관련 목표의 경우, 대부분 매우 추상적이어서 머릿속에 이미지로 형상화하기가 매우 힘들다. 이처럼 시각화하기 어려운 목표들은 어떻게 해야 할까?

## 구체적인 목표인가?

기업이라면 구체적인 목표가 있어야 한다는 의견에 나는 전적으로 동의한다. 문제는 대부분의 사람들이 생각하는 구체적인 목표가 숫자로 표현된 목표만을 의미한다는 데 있다. 그리고 머릿속에 떠오르는 생생한 이미지 없이 목표를 설정하는 경우, 그러한 숫자들이 충분히 명확하다는 착각을 하게 된다.

1990년대 초반, 미국 최대의 유통업체인 시어스Sears는 자동차 정비 직원들에게 실적에 따라 시간당 최대 147달러를 지급하겠다고 결정했다. 상당히 구체적인 숫자였다. 하지만 직원들이 수당을 받기 위해 일부러 초과근무를 하고 불필요한 정비를 하는 경우가 많아지면서, 이 숫자는 전혀 구체적이지도 명확하지도 못한 목표임이 드러났다. 결국 시어스의 회장 에드워드 브레넌Edward Brennan은 "정비 직원들을 대상으로 한 목표 설정 과정에서 실수가 있었습니다"[6]라고 말하며 자신의 실수를 인정했다.

아메리칸항공 American Airlines은 정확한 부서별·개인별 업무 분장을 통해 구체적인 목표를 설정하는 것으로 유명하다. 어떤 문제가 발생할 경우, 회사는 어떤 직원의 책임인지 알려고 한다. 만약 비행기가 연착되거나 출발이 지연될 경우, 직원들의 반응은 어떨까? 아메리칸항공 직원들은 자신이 맡은 일만 차질 없이 진행하면 그만이라고 생각한다. 비행기는 한동안 활주로에 그대로 서 있고, 승객들은 이유를 몰라 궁금해하고 불안해하지만, 직원들은 자신에게 구체적으로 부여된 업무에만 신경 쓰는 것이다.

반대로 사우스웨스트항공 Southwest Airlines은 '팀 지연 team delay'을 중요하게 생각한다 사우스웨스트항공은 직원들의 협동심을 제고하기 위해 팀별로 이륙 준비 시간을 체크한 후 평가에 반영한다—옮긴이. 그래서 사우스웨스트항공에서는 개인적인 업무 지연에 대해서는 그렇게 신경 쓰지 않는다. 대신, 고객들이 제시간에 비행기에 탑승하게 하고, 비행기 연착 같은 문제가 재발하지 않게 하는 데 모든 신경을 쏟는다.

이미지가 부여되지 않은 숫자는 구체적인 목표라 할 수 없다. 그 숫자가 현실 세계에서 어떻게 구현되는지 생생하게 그려내고 설명할 수 있을 때에만 구체적이라고 할 수 있다. 각고의 노력과 고민 끝에 도출된 숫자라 해도 사람들이 그 의미를 제대로 깨닫지 못한다면 무슨 소용이 있겠는가? 생각해보라. 어느 쪽 항공사가 훨씬 구체적인 목표를 수립했는가? 각 개인에게 숫자를 제시한 항공사인가, 고객에게 어떤 서비스를 제공해야 하는지 구체적으로 그려놓는 항공사인가?

나는 이를 '구체성 착각illusion of specificity' 이라고 부른다. 우리는 목표를 숫자로 표현하기를 좋아하지만 그 의미가 무엇인지 제대로 알지는 못한다. 듣기에도 멋있고 보기에도 좋지만 숫자에는 아무런 의미가 없다. 시어스 직원들은 구체적인 숫자를 알고 있었지만, 그 숫자의 진정한 의미를 제대로 이해하지는 못했다. 1장에서 언급했던, '미국 시장점유율 29퍼센트' 라는 원대한 기업 목표를 영원히 기억하기 위해 '29' 라는 숫자가 새겨진 배지를 달고 다녔던 GM 직원들을 기억하는가? 나는 숫자 자체에 가슴에서 우러나온 애착을 갖기가 어렵다는 사실을 지적했다. 그런데 또 다른 문제는 시장점유율과 같은 추상적인 숫자를 생생하게 살아 있는 이미지로 떠올리기가 무척 어렵다는 것이다. 머릿속에 인상적인 이미지로 떠올릴 수 없으면 인상적인 목표를 세울 수 없고, 인상적이지 않은 목표는 절대 달성할 수 없다.

'성장률 200퍼센트 달성' 같은 숫자적 성공은 결과론적인 것이다. 만약 GM이 시장점유율 29퍼센트를 달성했다면, 그것은 사람들이 정말 갖고 싶은 멋진 자동차나 결함이 없는 안전한 차를 생산했거나, 직원들이 열정적이고 생산적으로 일했거나, 적극적이고 친절한 영업사원들을 채용하고 고객 감동 서비스를 하는 딜러와 계약을 체결하는 등 무언가 다른 일을 했기 때문에 나타난 결과일 뿐이다.

그리고 이런 일들이 숫자에 비해 생생하게 이미지화하기가 훨썬 용이하다는 사실은 전혀 우연이 아니다. 실제로 내 아이들에게 테스트해본 결과, 아이들은 '시장점유율 29퍼센트' 만 제외하고 다른 내용은 모두 그림으로 그릴 수 있었다. 여섯 살짜리 어린아이가 당신의 목표를 그릴 수 있다면, 그것은 구체적인 목표이다. 그러나 그릴 수 없다면, 당신은 목표를 수정해야 한다.

다시 한 번 말하지만, 나는 지금 숫자가 필요 없다고 말하는 것이 아니다. 애플, 구글, 스타벅스와 같은 위대한 기업들은 모두 숫자를 사용한다. 하지만 그 기업들은 숫자에 내포된 진정한 의미를 직원과 고객, 투자자 모두에게 생생하게 보여줄 수 있었기 때문에 수많은 사람들이 그렇게 지지를 보내고, 열광하는 것이다.

숫자란, 당신이 그려놓은 목표를 향해 어느 정도 나아가고 있는지 알아볼 수 있는 멋지고 간편한 잣대이기는 하다. 하지만 '성장률 200퍼센트' 처럼 숫자로 나타나는 성공은 부수적 현상이다. 숫자는 목표를 달성하기 위한 수단일 뿐, 그 자체가 목표는 아니다. 진정한 당신의 목표는 당신이 그린 그림 속에 있다.

애플 아이팟의 목표는 무엇이었을까? 스티브 잡스는 아이팟을 출시하면서 '주머니 속에 노래 1,000곡을 넣고 다니는 것' 과 같다고 설명했다. 당신은 그렇다면 애플도 숫자를 사용한 것 아니냐고 반문하겠지만, 그 숫자는 구체적이었다. 나는 노래 1,000곡이 CD 수십 장에 들어 있다가 공중으로 붕 떠서 내 아이팟 속으로 쏙 들어오는 모습을 쉽게 떠올릴 수 있다. 또 애플은 맥북 에어MacBook Air 를 '세상에서 가장 얇은 노트북' 이라고 소개했다. 간단한 표현 같지만, 나는 상당히 구체적인 개념이라고 생각한다.

구글의 창립자 세르게이 브린Sergey Brin과 래리 페이지Larry Page는 구글 설립에 필요한 자금을 구하기 위해서 세쿼이아 캐피탈Sequoia Capital이라는 벤처 캐피탈 회사를 찾아갔다. 세르게이와 래리는 구글의 목표를 이렇게 말했다.

"클릭 한 번으로 원하는 정보에 접근할 수 있습니다."[7]

스타벅스를 설립한 하워드 슐츠Howard Schultz는 스타벅스의 목표를 이렇게 표현했다.

"스타벅스는 일터와 가정, 이 둘 사이에 존재하는 제3의 공간이 될 것입니다."

최고의 기업들은 기업의 비전을 나타내는 목표를 가지고 있다. 그리고 직원과 고객, 투자자 모두 그 기업이 제시한 목표를 생생하게 떠올릴 수 있다. 한마디로 표현하자면, '메시지가 명확했다'.

나는 위에서 언급한 각각의 기업들의 목표를 구체적으로 그릴 수 있다. 어떤 사람이 구글에서 검색을 하며 마우스를 클릭하는 모습과 소리를, '제3의 공간'이 된 스타벅스 안에서 퍼져 나오는 커피 향기와 그 안에서 행복해하는 사람들의 모습을 정확하게 상상할 수 있다. 또한 실제로 내가 '세상에서 가장 얇은 노트북'을 들고 있는 모습도 생생하게 그릴 수 있다.

1-800-Got-Junk의 비전 게시판을 살펴보자. 스쿠다모어와 직원들은 그들의 게시판에 매출 목표만 적은 것이 아니었다. '오프라 윈프리 쇼' 출연, 현재 없는 직위까지 배열하여 만든 조직도,

앞으로 진출하여 가맹점을 만들 도시들이 전부 나와 있는 지도 등 자신이 목표로 하는 것이라면 무엇이든 게시했다. 스쿠다모어와 직원들은 이 모든 것들을 마치 실제로 일어난 일처럼 생생하게 바라보고, 그들의 목표를 실현하기 위해 노력했다. 추상적인 아이디어로는 이러한 하드 골을 성취할 수 없다.

당신도 자신의 하드 골을 생생한 그림으로 시각화해보라. 나는 1억 달러가 실제로 어떤 모습일지는 잘 모른다. 하지만 오프라 윈프리가 나를 소개하고 내가 무대 위로 걸어 나갈 때 어떤 기분일지는 떠올릴 수 있다. 또 군중이 웅성거리는 소리와, 흥분과 긴장으로 떨고 있을 내 모습도 상상할 수 있다. 마찬가지로 확대된 조직도와 피츠버그에 진출하여 가맹점을 세운 모습도 상상할 수 있다. 이처럼 어떤 대상을 그림으로 떠올릴 수 있으면, 그것을 달성하겠다는 의지가 훨씬 잘 생긴다.

우리 회사의 고객 중 유럽 기업을 모회사로 둔 북미 사업부가 있다. 이 사업부에서는 빈칸에 숫자만 기입하면 회사 목표를 기록해주는 소프트웨어를 사용했다. 모회사의 경영진이 복잡하게 목표를 작성하는 것을 원치 않았고, GM처럼 간단한 숫자로 나타내기를 원했기 때문이다.

하지만 이 사업부는 그런 목표가 좋은 결과를 가져오지 못한다는 것을 알았기 때문에 그대로 따를 수만은 없었다. 그래서 우선 기존에 하던 대로 온라인 서식에 숫자들을 모두 기입한 후, CEO를 비롯한 전 직원이 직접 손으로 그린 그림을 스캔해 첨부했다.

그리고 사무실 벽이나 칸막이에 이 그림들을 붙이고, 우리가 논의했던 사항들을 모두 실행했다. 결과는 어떻게 되었을까? 올해 이 회사는 목표를 '생생하게' 만드는 이 방법을 다른 지역으로도 확대할 계획이다. 목표를 달성한 업무 담당자의 비율이 90퍼센트 이상인 사업부는 전 세계에 이곳밖에 없었기 때문이다. 다른 사업부에서 목표를 달성한 업무 담당자는 30퍼센트 이하였다.

목표의 시각화가 가져다주는 놀라운 힘은 건강, 저축, 은퇴 생활 등과 같은 개인적인 목표에도 모두 적용된다. 초등학교 교사를 하다 은퇴한 50대 초반의 아이비 린Ivy Lynn도 이를 실행한 사람 중 하나다.

"2년 전 고관절 수술을 하고 회복 중일 때는 과연 제가 예전처럼 걸을 수나 있을까 의심스러웠죠. 그저 물리치료를 받기 위해 물속에 있으면 너무 행복했고, 새롭게 다시 태어나는 느낌이 들었어요. 어느 순간 저는 제가 자유롭게 수영하는 모습을 상상하기 시작했어요. 당시 한 걸음도 걸을 수 없는 상태였지만, 저는 수영을 하고 있는 제 모습을 똑똑히 볼 수 있었어요. 그리고는 언제부터인가 주변 사람들에게 '나는 수영대회에 나갈 거예요' 라고 말하기 시작했죠. 보행 보조기에 의지해서 절뚝거리는 쉰한 살의 제 모습을 지켜보는 사람들 앞에서 말이에요. 남편조차 어처구니없다는 표정이었어요."

그녀는 자신에게 의욕을 불러일으키는 이미지들을 모아 콜라주를 만들었다. 콜라주는 그녀의 꿈이 들어 있는 비전 게시판이었다.

"물, 수영하는 사람, 유명한 수영 선수의 사진을 잔뜩 오려서 넓은 판에 붙여 벽에 걸어두었어요. 옛날에 교사였을 때 아이들에게 시키던 방법이었죠. 이상하게 들리겠지만, 제가 붙여놓은 사진을 볼 때마다 수영 선수처럼 끝내주는 몸매의 제 모습이 보였어요. 그 당시에는 절대로 그런 몸이 아니었는데도 말이죠."

그녀는 지난달에 처음으로 대회에 참가했다. 그리고 4위의 성적을 거두었다. 그녀는 이렇게 말했다.

"저는 지금 올림픽을 꿈꾸는 게 아니에요. 그저 저 스스로에게 최고의 수영 선수로 남고 싶어요. 매일 노력하면서 상상하는 제 모습이 바로 그거예요."

아이비가 비전 게시판을 만든 지 이미 한참이 지났고, 지금은 코치와 훈련을 하느라 상당히 바쁜 시간을 보내고 있다. 그런 그녀에게 또 다른 계획이 있다.

"저에게 계획이 또 하나 있어요. 정말로 새로운 목표가 생겼어요. 전 세계 바다를 돌아다니며 수영을 하고 싶어요. 사해나 아라비아해 같은 곳에서요. 세상에서 가장 아름다운 에메랄드빛이라고 들었거든요. 이런 저의 꿈을 실현하기 위해 동기를 불러일으킬 수 있는 이미지들을 붙인 콜라주를 다시 만들 거예요. 어젯밤 남편에게 7월쯤엔 예멘으로 떠날 준비를 해야 한다고 말했어요. 남편은 제 말을 농담으로 생각하겠지만, 저는 벌써 예멘에 있는 제 모습을 떠올리고 있어요."

# 목표를 시각화하는 방법

아이비처럼 생생한 목표를 세우려면 단어를 생각하기 전에 먼저 대표적인 이미지를 연상해야 한다. 그리고 거기에 조금씩 살을 붙이며 가슴을 설레게 하는 생생하고 디테일한 이미지를 추가해야 한다. 다음 아홉 가지 요소를 고려하여 당신의 목표를 시각화하고 구체화하면, 당신의 생생한 목표에 생명력을 불어넣게 될 것이다.

**크기** : 당신이 시각적으로 떠올린 목표의 크기는 어느 정도인가? 작고 소박한 집인가, 아니면 해변에 있는 저택인가? 당신의 발명품은 킨들보다 크고 아이패드보다 훌륭한가? 당신의 최첨단 전기 자동차는 쉐보레 루미나나 캐딜락 에스컬레이드와 비슷한 크기인가? 당신의 '제3의 공간'인 커피숍은 집에 있는 주방보다 넓은가, 좁은가?

**색상** : 무슨 색이 보이는가? 색상은 당신의 목표에 의미와 감정을 불러일으킨다는 점에서 특히 중요하다. 색상은 당신도 모르는 사이에 당신에게 영향을 미친다. 심지어 색상 하나만으로도 당신의 기분, 인식, 사고에 영향을 미칠 수 있다. 당신이 연상한 이미지를 자세히 들여다보라. 풀장 밖에서 수영복을 입고 누워 있는 당신은 완벽하게 선탠한 모습인가? 해변에 새로 장만한 집 밖으로 보이는 바다는 얼마나 푸른가?

당신의 목표에 더 뜨거운 열정을 느끼기 위해, 연상하는 그림 중 특정 부분을 더 강렬한 색으로 강조할 수도 있으며, 흑백으로 설정하여 관심권 밖으로 밀어낼 수도 있다. 다이어트에 치명적인 딸기치즈케이크를 흑백으로 설정하여 떠올린다면, 부드럽고 고소한 치즈의 노란색과 달콤하고 상큼한 딸기의 빨간색을 그대로 떠올릴 때보다 식욕을 감퇴시켜 목표를 달성하는 데 도움이 된다.

**형태 :** 어떤 형태인가? 형태도 감정에 큰 영향을 미친다. 실제로 과학자들은 1940년대부터 지금까지 사람들이 삼각형을 '분노'로, 원을 '사랑'으로 느끼는 현상을 연구해왔다. 15킬로그램을 감량한 당신 복부는 어떤 모양일까? 王자나 11자 모양의 복부를 연상하면 날씬해지고 싶은 욕망에 불을 당겨 '먹지 말아야 할' 음식을 끝까지 거부하는 데 도움이 된다. 영국의 유명한 조각가 헨리 무어 Henry Moore 는 이렇게 말했다.

"일반적으로 형태에 대한 우리의 인식은 시각적 경험과 촉각적 경험이 혼합되어서 만들어지는 것이다. 어린아이는 공을 바라볼 때보다 만져볼 때 공이 둥글다는 사실을 훨씬 잘 깨닫는다."

따라서 당신의 목표가 어떤 형태인지 바라만 보지 말고 느껴보기도 하는 것이 좋다. 부드러운가, 울퉁불퉁한가, 무거운가, 가벼운가? 만일 정리를 잘하는 것이 당신의 목표라면, 어지럽게 흩어져 있는 물건 하나 없이 깨끗한 책상을 손으로 만져볼 때 어떤 기분이 들겠는가?

**세부사항 :** 당신의 목표를 완성하는 데 필요한 세부사항들은 무엇이 있으며, 이들을 어떻게 조화시킬 것인가?

당신의 목표가 월급 인상이라고 가정하자. 우선, 당신은 초과근무나 주말 근무, 또는 특별 프로젝트까지 맡으면서 업무에 좀 더 시간과 노력을 쏟을 것이다. 당신의 판매 실적은 올라가고, 당신은 치열한 경쟁 속에서도 계속 우수한 성과를 낼 것이다. 그리고 사장 앞에서 실적을 발표하고, 당신이 생각하고 있는 적절한 보상에 대해 이야기해야 하는 순간이 다가올 것이다. 드디어 인상된 월급을 받는 날, 당신은 목표를 달성한 자신의 모습에 기쁨과 뿌듯함을 느낄 것이다. 그 여유 자금으로 당신은 당신 자신과 가족을 위해 무엇을 할 수 있을까? 더 큰 집으로 이사할 수 있을까? 더 자주 여행을 떠날 수 있을까? 아마도 당신은 자녀들의 대학 등록금 걱정을 덜었다는 생각에 안도할 것이다. 마지막으로, 이러한 하드 골을 성취한 자신이 어떻게 느껴지는가?

**환경 :** 당신이 떠올린 목표는 어디에서 달성되는가? 환경은 결과에 큰 영향을 미친다. 단지 방이나 집의 위치뿐만 아니라, 계절, 시간, 사물의 위치, 날씨 등 당신의 목표를 더욱 생생하고 명확하게 만들 수 있는 모든 부분을 시각화하라. 다이어트를 결심하는 사람들은 대부분 수영복을 입는 계절을 떠올린다. 당신의 목표는 어떤 환경 속에 있는가? 어떤 모습으로 보이고, 어떤 향기가 나는가? 편안하고 즐거운가, 약간은 두렵고 슬픈가? 가끔씩은 목표를

성취한다는 것이 한때 우리가 했던 행동을 포기해야 한다는 것을 의미하기도 한다. 우리는 포기해야 한다는 사실을 받아들이기는 하지만, 완전히 극복하지는 못한다. 예전에 흡연자였던 나는 금연을 한 지금도, 담배를 한 모금만 빨아봤으면 하는 생각이 불쑥 떠오를 때가 있다. 몸 안에 독소가 없을 때 몸 상태와 기분이 훨씬 좋다는 것을 알고 있음에도 불구하고 담배를 잃은 것이 아쉽게 느껴지는 순간이 종종 있다. 이는 사람이라면 누구나 겪게 되는 자연스러운 현상이다.

**배경 :** 때로는 목표를 떠올리는 과정에서, 당신이 미처 생각하지 못했지만 사실 간절히 원하고 있던 또 다른 목표를 발견하게 되는 경우도 있다. 이는 목표 달성에 대한 열망을 더욱 높여준다.

"좋아, 판매 실적을 두 배 올리고 말겠어. 그런데 내가 매출액을 발표하는 그림에서 왜 환호하는 사람들이 필요한 거지? 그래, 맞아. 지금까지 말하지 않은 내 오랜 소원 중 하나가 사람들이 나를 동경하는 것이었어."

**빛 :** 만일 겨울 우울증을 겪어봤다면, 빛이 당신의 기분과 에너지를 결정하는 데 얼마나 중요한 요소인지 잘 알고 있을 것이다. 물론 목표를 효과적으로 만들기 위해서 반드시 환한 방이나 햇빛이 잘 들어오는 장소를 그려야 한다는 뜻은 아니다. 당신이 상상하는 그림은 캄캄한 밤도, 비나 눈이 내리는 장소도 될 수 있다. 만일

당신의 목표가 프랑스 샤모니에서 야간 스키를 타는 것이라면, 동틀 녘에 리프트를 타고 올라가는 당신 모습을 상상하는 것은 시간 낭비다.

**감정** : 어떤 기분이 드는가? 만일 당신이 떠올린 그림 속에 다른 사람들이 있다면, 그 사람들의 기분은 어떤가? 당신은 그들의 기분을 어떻게 알 수 있는가? 얼굴 표정, 동작, 또는 당신이 알아볼 수 있는 다른 표시가 있는가?

한때 암으로 투병했었던 메리Mary는 고통스러운 항암치료 과정에서도 늘 밝은 미래의 모습을 떠올렸다. 그녀는 건강을 되찾고 다시 뛰고 있는 자신의 모습과, 경기장에서 그런 자신을 응원하는 남편과 딸의 모습을 그렸다. 그녀는 결승선을 통과하는 순간 얼마나 감격스러운 기분이 들었는지 정확하게 떠올릴 수 있었다. 또한 자신과 같은 처지에 있는 여성을 도와준다거나 자신의 노력으로 다른 누군가의 삶이 달라지는 상상을 했을 때 느꼈던 감정도 생생하게 기억하고 있다.

**움직임** : 당신 또는 다른 사람들이 무언가를 하고 있는가? 만일 당신의 목표가 '스키 배우기'나 '프랑스 요리의 달인 되기'처럼 어떤 행동을 해야 하는 목표라면 이 질문은 어려운 내용이 아니다. 그러나 움직이는 모습을 상상하기 어려운 목표라면 어떨까? '현명한 지출', '더 많은 휴식', '더 많은 인내' 등과 같은 목표라면 당

신은 어떤 식으로 행동하겠는가?

나는 당신이 훌륭한 예술가가 되기를 기대하면서 이 아홉 가지 요소를 설명한 것은 아니다. 나는 당신이 자신의 신경 구조, 즉 신경 체계를 최대한 활용하기를 원한다. 우리 인간은 글자가 아닌 시각적인 자극에 반응한다. 우리가 오늘날까지 생존할 수 있었던 것은 숲이나 바위 뒤에 숨어 날카로운 송곳니를 드러낸 호랑이와 같은 위험 요소들을 시각적으로 인식할 수 있는 능력이 상당히 발달해 있고, 이러한 능력을 활용하여 창이나 화살 등 인간을 보호할 수 있는 물건을 발명할 수 있었기 때문이다.

브렌트 하드그레이브Brent Hardgrave는 뛰어난 헤어디자이너다. 그는 미국 헤어디자이너 최초로 컨 헤어코스메틱스Keune Haircosmetics가 수여하는 '국제 기능인' 영예를 얻었다. 그의 명성은 수많은 잡지에 실린 유명 연예인들의 헤어스타일에서 확인할 수 있다.

그는 획기적인 드라이 헤어커팅 기술머리를 적시지 않고 자르는 기법-옮긴이을 창안한 것으로 유명하다. 어느 날 나는 그에게서 이 기술을 이용한 커트 시술을 받았는데, 집에 돌아가자 아내는 나를 보고 감탄을 금치 못했다. 곧 그녀는 자신의 머리를 브렌트에게 맡겼고, 지금은 그녀의 모든 친구들이 그의 단골이 되었다. 브렌트는 이렇게 말했다.

"저는 커트를 완벽하게 떠올릴 수 있어요. 가위를 어떻게 잡아야 할지, 머리 모양이 어떻게 나올지, 머리카락 하나하나가 어떤 모습일지도요."

브렌트는 자신에게 필요한 게 무엇인지도 정확하게 알았다. 바로 드라이 헤어커팅 기술에 적합한 새로운 가위였다. 그는 자신이 직접 디자인한 가위를 제작하기 위해 가위 제작자를 찾았다. 그런데 우연히도 그 가위 제작자는 거의 비슷한 형태의 가위를 구상하고 있던 참이었다. 가위 제작자와 브렌트는 각자의 비전을 통합하여 새로운 종류의 곡면 가위를 탄생시켰다. 이 가위는 곧 출시될 예정이며, 이미 헤어 산업 분야에서는 상당한 화제를 불러일으키고 있다. 브렌트의 머릿속에 떠올랐던 완벽한 그림이 현실로 나타나고 있는 것이다.

미국의 분자생물학자 존 메디나 John Medina 는 우리의 시각과 후각이 서로 '진화적 우위'를 차지하려고 경쟁하고 있다고 주장한다. 즉, 외부에서 무슨 일이 발생하면 제일 먼저 감지하는 감각이 되려고 한다는 것이다.[8] 이때 승리는 항상 시각이 차지한다.

"후각과 관련된 유전자의 60퍼센트 정도가 신경계 조정과정에서 영구적으로 손상되었고, 이 유전자들은 다른 종보다 네 배는 더 빠른 속도로 퇴화한다."

이유가 뭘까? 시각피질과 후각피질은 둘 다 넓은 공간을 필요로 해서 하나가 더 많은 공간을 차지하면 다른 하나는 그 공간을 내줄 수밖에 없기 때문이다.

만일 그림 그리는 데 영 소질이 없다면, 기업인 경우에는 '비전 월'을, 개인인 경우에는 '비전 게시판'을 활용해보라. 펜을 꺼내

드는 대신, 벽면에 큰 종이를 붙이고 그 위에 사진이나 시각 자료, 인상 깊은 구절 등 당신의 목표를 떠올리게 하는 무엇이든 오려 붙여라. 만일 잡지를 넘겨보다가 이전에 본 적이 없는 색이나 사진, 문구에 마음을 빼앗긴 적이 있다면, 그건 당신의 무의식을 끌어낸 것이다. 또한 다른 사람들이 당신의 비전 게시판을 전혀 이해하지 못하더라도 절대 개의치 마라. 비전 게시판에는 옳고 그름이 없다. 당신의 목표이고, 당신 마음대로 볼 수 있으면 그만이다.

그림 그리기를 좋아한다면 주저하지 말고 펜과 붓을 들어라. 아니라면, 오래된 잡지와 가위, 풀을 준비하라. 무엇을 만들지 고민하지 말고, 마음 가는 대로 하라. 목표에 대한 그림이 분명해지면 언제고 비전 게시판을 다시 만들거나 바꿀 수 있다. 지금 해야 할 일은, 당신이 세운 목표가 지닌 색, 모양, 감정의 펄떡이는 맥을 잡는 것이다.

## 누구의 관점인가?

다시 한 번 말하지만, 이러한 시각적 요소들은 당신의 목표를 그림으로 당신의 기억 속에 단단히 심어두기 위한 것이다. 그런데 그림을 그려본 사람이라면 알겠지만, 그림은 어떤 관점에서 바라보느냐가 매우 중요하다. 예를 들어, 당신이 체중 감량에 성공한 자신의 모습을 그려본다면, 당신은 자신의 모습을 어떻게 바라보고 있는가? 연인이나 친구, 아니면 낯선 사람이 지켜보듯이 한 발 물러서서 보는가? 아니면 거울에 비친 자신을 바라보듯 하는가? 이 둘 사이에는 큰 차이가 있다.

옥스퍼드대학 연구진은 연구 대상자들에게 "토요일 아침입니다. 이제 주말이 시작되네요"와 같은 100가지 긍정적인 메시지를 주고, 특정한 상황 속에 있는 자신의 모습을 이미지로 형상화할 것을 요청했다. 연구 대상자들은 두 그룹으로 나뉘었다. 한 그룹은 1인칭 관점, 즉 자신의 눈으로 자신의 모습을 상상하라는 지시를 받았고, 다른 그룹은 3인칭 관점, 즉 다른 사람의 눈을 통해 자신의 모습을 상상하라는 지시를 받았다. 연구 결과, 1인칭 관점으로 자신의 모습을 상상했던 사람들이 3인칭 관점으로 상상했던 사람들보다 훨씬 긍정적으로 반응했다.

이러한 관점의 차이는 상황에 따라 반대로도 작용한다. 외상 후 스트레스 장애 환자들은 과거의 정신적 충격을 3인칭 관점으로 회상할 때 훨씬 덜 불안해한다. 확실히 3인칭 관점은 무섭거나 충격적인 이미지를 떠올리는 경우에 유용하며, 직접적으로 감정을 자극하지 않기 때문에 공포와 충격을 덜어준다. 물론, 이런 관점은 양날의 칼과 같다. 우울증 환자들의 경우 자신의 기억을 회상할 때, 우울증을 앓지 않은 사람들에 비해 3인칭 관점으로 진술하는 정도가 훨씬 높다. 이는 우울증 환자들이 거의 무의식적으로 자기 자신을 3인칭 관점으로 바라보기 때문에 자신의 기억 속에 있는 긍정적인 감정을 모두 제거한다는 것을 보여준다. 이 경우 오히려 슬픔이나 고통이 극대화된다.

1인칭 관점으로 자신의 목표를 이미지화하는 것은 매우 중요하다. 결국 당신의 이야기이며 당신의 목표이므로, 당신 말고는 어느 누구도 그 목표를 대신 이루어줄 수 없다. 당신의 날씬해진 몸매를 배우자나 친구들의 눈으로 바라보지 말고, 거울 속의 자신의 모습을 보듯 바라봐야 한다. 또한 애써서 만든 제품을 처음으로 공개하는 단상에 서 있는 당신의 모습을 청중의 눈이 아니라, 자신의 눈으로 바라봐야 한다. 당신의 생생한 목표를 100퍼센트 자신의 관점에서 바라볼 때, 비로소 시각화가 주는 엄청난 정신적 자극의 효과를 체험하게 될 것이다.

## 글로 적어라

당신의 목표를 그림으로 생생하게 떠올렸다면, 이제는 글로 써야 할 시간이다. 글쓰기의 중요성에 대해 들어본 적이 없다면, 아마 대부분 "이미 머릿속에 있는 걸 귀찮게 뭐 하러 쓰라는 거야"라며 투덜댈지도 모른다. 하지만 글로 쓰면 훨씬 잘 기억할 수 있다.

'쓰기'는 '외부 기억 장치'와 '부호화', 이 두 가지 단계로 진행된다. 외부 기억 장치란, 당신의 목표와 관련된 내용을 종이 같은 특정 장소에 저장해두고 언제라도 손쉽게 접근해서 되새겨보는 것을 의미한다. 당신은 목표가 적힌 종이를 사무실 벽이나 냉장고 등 어느 곳에나 붙일 수 있다. 무언가를 떠올리게 만드는 분명한 메시지를 수시로 보게 되면, 그 내용을 훨씬 잘 기억할 수 있다.

그러나 이보다 더 심오한 현상이 있으니, 그것이 바로 부호화다. 부호화란, 우리가 인지한 정보들이 뇌의 해마로 이동하여 분석되는 생물학적 과정이다. 인지한 정보를 장기 기억으로 저장할지 폐기할지는 해마에서 결정된다. '쓰기'는 바로 이러한 부호화 과정을 활성화한다. 바꾸어 말하면, 당신이 무언가를 쓸 때 기억할 가능성이 훨씬 높아진다는 뜻이다.

신경심리학자들은 어떤 내용을 그냥 읽기만 했을 때보다 직접 문장으로 만들었을 때 더 잘 기억할 수 있다고 주장하면서, 이를 '생성 효과generation effect'라고 정의했다. 당신이 머릿속 이미지를 글로 쓴다면 '생성 효과'를 두 번이나 경험하게 된다. 첫 번째는 목표와 관련된 그림을 떠올렸을 때이고, 두 번째는 머릿속에 그린 그림을 문장으로 표현했을 때인데, 처음에 떠올렸던 이미지를 재생해야 하기 때문에 생성 효과도 다시 나타나는 것이다. 이러한 활동 속에서 인지 과정이 활발해진다.

글로 쓸 때 더 잘 기억하게 된다는 사실은 수많은 연구를 통해 입증되고 있다. 이러한 연구는 대개 교실에서 필기하는 학생들을 대상으로 한다. 한 연구에서는 채용 면접을 하는 사람들을 관찰했다. 그 결과, 지원자들과의 면접 내용을 일일이 메모한 면접관의 경우, 메모를 하지 않은 면접관보다 면접에서 들었던 중요한 정보를 23퍼센트 더 많이 기억했다. 만일 면접관들이 당신을 기억해주길 원한다면, 면접관들이 메모하기를 기대해야 한다는 것이다.

무언가를 쓸 때 단순히 기억력만 향상되는 것은 아니다. 중요한 정보를 떠올리는 능력도 같이 향상된다. 한 연구에 따르면, 학생들이 필기를 하지 않은 경우, 선생님이 강조한 중요한 내용 이상으로 중요하지 않은 내용도 많이 기억했다(주로 중위권 학생들이 이 경우에 속한다). 반면에 필기를 한 경우에는 중요한 내용을 훨씬 많이 기억했고, 중요하지 않은 내용은 거의 기억하지 못했다(A를 받는 비결이라 할 수 있다). 이처럼 '쓰기'는 기억하는 데 도움이 될 뿐만 아니라 정말로 중요한 내용에 집중할 수 있게 해준다. 그리고 하드골이야말로 정말 집중해야 할 중요한 내용이기 때문에 반드시 글로 써야 한다.

지나Geena는 한 시립병원의 방사선 전문의이다. 내과의사 남편과 세 자녀를 둔 그녀는 이렇게 말했다.

"저 자신을 위한 무언가를 목표로 삼고 추진하는 것은 거의 불가능한 일이죠. 하지만 저는 대학 때부터 마라톤을 해왔고, 절대 포기하고 싶지 않았어요."

지나는 마라톤에 참여하고 훈련하는 시간을 내기 위해 자신의 뇌를 살짝 속였다.

"나를 위한 거라고 생각하면 죄책감이 들었어요. 달리는 대신 남편을 돕거나 아이들과 놀아줘야 할 것 같았죠."

그래서 그녀는 자선 마라톤 행사에만 참가한다.

"요즘엔 갖가지 자선 마라톤 행사가 많아서 그렇게 어렵지 않아요. 이제 편안한 마음으로 달리고 있는 제 모습을 떠올릴 수 있어서 정말 좋아요. 사실 목표를 잊지 않기 위해 종이에 써놓고 날마다 되새긴다는 것이 저한테는 쉽지 않은 일이었어요. 저는 어떻게 하면 마라톤으로 가치 있는 일을 할 수 있을까 늘 고민했죠. 만약 그렇게 하지 않았다면, 시간을 내서 5킬로미터를 뛰는 대신 아마집 안에 틀어박혀 아이들을 위해 빵을 굽고 있겠죠."

지나는 달리고자 하는 자신의 목표와 진심으로 하나가 되었다. 하지만 명확한 비전이 없었다면, 그리고 계속 달리겠다는 비전을 글로 쓰지 않았다면, 분명히 그녀는 목표를 달성한 자신의 모습을 볼 수 없었을 것이다.

## 언어로 그림을 그려라

앞서 케네디 대통령이나 킹 목사가 시각적 언어의 연금술사라고 밝힌 바 있다. 당신은 이제 언어를 시각화하는 또 하나의 방법을 배우게 될 것이다.

우선, 당신이 자신의 목표에 대해 언급할 때는 반드시 구체적인 단어를 써야 한다. 웨스턴온타리오대학의 명예교수인 알렌 페이비오Allan Paivio는 사람들이 구체적인 단어와 추상적인 단어 중 어느쪽을 더 잘 기억하는지 연구했다.[9] 구체적인 단어는 '심상가imagery value'가 높은데, 이는 단어의 의미를 쉽게 떠올릴 수 있다는 뜻이다. 예를 들어, 길, 다리, 광대, 그림 등은 모두 상당히 구체적인 단어들이며, 반대로 상태, 양, 요청, 목적 등은 매우 추상적인 단어들이다.

페이비오 교수는 구체적인 단어와 추상적인 단어 가운데 어떤 것이 연상하기 쉬운지 알아보기 위해, 구체명사와 형용사로 짝 지은 단어들과 추상명사와 형용사로 짝 지은 단어들을 비교해서 실험했다. 어떤 단어 조합은 '아가씨-젊다' 처럼 서로 관련되어 있었고, 어떤 단어 조합은 '아가씨-물렁하다' 처럼 서로 관련이 없었다.

모든 경우에서, 구체적인 단어를 조합한 것이 추상적인 단어를 조합한 것보다 기억하기 쉬웠다. '필수 영양소' 나 '의미심장한 결과' 보다 '죽은 사람' 이나 '행복한 광대' 를 연상하기가 훨씬 쉽기 때문이다. 심지어 서로 전혀 관련이 없는 구체적인 단어를 조합한 경우가 서로 관련성이 높은 추상적인 단어들을 조합한 경우보다 더 기억하기 쉬웠다.

이제 주변을 돌아보자. 기업의 CEO들을 포함해 어떤 조직의 목표를 설정하는 사람들은 어떤가? 그들 대부분은 마치 추상적인 단어를 사용해야 한다는 강박증에 걸린 사람들 같다. 아래는 페이비오 교수가 실제로 실험에 사용했던 추상적인 단어 조합이다.

완벽한 설정

유용한 목적

독창적 발견

중대한 상황

정당한 요구

지속적인 주의

충분한 액수

의미 있는 결과

가능한 추측


　기업의 목표 수립과 관련된 자료를 읽다 보면, 이와 비슷하거나 똑같은 단어들의 조합을 수없이 보게 된다. 그들은 추상적인 표현만을 반복적으로 사용하여 목표를 수립하고는, 왜 아무도 그것을 기억하지 못하는지 이해할 수 없다는 표정을 짓는다. 자신들이 세운 목표가 제대로 떠올리기 힘든, 아무것도 연상할 수 없는 단어들의 나열이라는 사실을 모르는 채 말이다.

　나는 지금까지 수많은 CEO들과 단어 선택에 대해 대화를 나누어보았다. 그들 중 일부는 그 의미를 완벽하게 이해했으나, 대부분의 CEO들은 기업의 목표 설정 메모에 적힌 '의미 있는 결과'를 달성하지 못하는 이유가 단어 선택에 '지속적인 주의'를 기울이지 않기 때문이라는 사실을 깨닫지 못했다. 추상적인 단어가 부지불식간에 문장에 끼어들기가 얼마나 쉬운지 보이는가? 이는 심각한 병이다. 만일 당신이 사람들이 땀과 눈물을 흘리며 열정에 휩싸여 추구할 목표를 세우고 싶다면, 하루빨리 추상적인 표현을 선호하는 당신의 병부터 고쳐야 한다.

사람들 앞에서 연설을 하거나 그들과 목표에 대해 대화를 나눈다면, 스스로에게 이렇게 물어보라.

"내 이야기를 듣는 사람들이 내가 말하는 내용을 그림으로 그릴 수 있을까?"

이보다 훨씬 더 좋은 방법은 "내가 말하는 내용을 여섯 살짜리 꼬마가 그릴 수 있을까?"라고 자문하는 것이다. 달 위에 발을 디딘 인간, 옛 노예의 자손들과 옛 주인의 자손들이 함께 둘러앉은 식탁처럼, 당신이 하는 이야기도 누구나 쉽게 그릴 수 있는가?

## 천재는 시각적이다

존 브릭스John Briggs는 창조적인 천재가 되는 과정에 관한 그의 저서에서 위대한 물리학자이자 발명가인 니콜라 테슬라를 이렇게 기술했다.

"어느 날 저녁, 지는 해를 바라보며 괴테의 시를 암송하던 테슬라에게 '자동 기동 전동기self-starting motor'에 대한 아이디어가 번뜩 떠올랐다. 갑자기 그는 동그란 모양의 전자석 안에서 빠르게 회전하는 자기장을 상상했다. 전류가 통하는 둥근 형체를 떠올리게 된 것은 분명 둥근 태양과 시의 리듬에서 반복되는 운율 때문이었다."

테슬라는 생생한 이미지 형상화를 통해 머릿속으로 이런저런 연구를 하며 일생을 보냈고, 그를 통해 중대한 과학적 성과들을 많이 이루어냈다. 그는 이렇게 말했다.

"나는 종이에 스케치를 하기 전에, 머릿속으로 전체 아이디어를 구상합니다. 구조를 변경하고, 개선하고, 심지어 완성된 기계를 미리 작동해보기도 합니다. 도면을 그리지 않아도 작업하는 사람들에게 각 부분의 크기를 정확히 알려줄 수 있었고, 모든 부분이 완성되었을 때는 실제 도면을 그려서 만든 것처럼 꼭 들어맞았습니다."[10]

테슬라 덕분에 지금 우리가 교류 전기, 수력발전 댐, 라디오를 사용할 수 있는 것이다. 이 외에도 테슬라가 특허를 받은 발명품은 100개가 넘고, 특허를 내지 않은 발명품도 셀 수 없이 많다. 1909년 〈파퓰러 메카닉스 Popular Mechanics〉에 실린 기사에 따르면, 테슬라는 다이얼식 전화기가 만들어지기도 전에 이미 아이폰이나 블랙베리와 상당히 유사한 기기를 구상하고 있었다고 한다.

"머지않아 세계 어디로나 무선 메시지를 전송하는 것이 가능해질 것이고, 누구나 자신만의 기기를 휴대하고 다니면서 조작하게 될 것입니다."

그는 주머니에 쏙 들어갈만한 크기일 것이라고 덧붙였다.

테슬라뿐만 아니라 위대한 성과를 이룩한 많은 사람들은 자신의 아이디어와 목표를 구체적으로 떠올리고, 상상하고, 생생하게 그려내 현실로 만들어냈다. 브릭스에 따르면, 조각가 헨리 무어는 조각상의 크기와 상관없이 모든 작품을 자신의 손바닥 위에 올려놓고 상상했다고 한다. 그는 조각상의 각 측면이 어떤 모습일지 아는 것은 물론이고, 심지어 작품을 허공에 띄워놓고 그 공간을 가늠하는 방식으로 조각상의 부피까지 이해했다고 한다. 또한 위대한 인류학자 클로드 레비스트로스 Claude Lévi-Strauss는 민족지학 주로 미개한 민족의 생활 양상을 조사하여 자료를 수집하고 기록하는 학문-옮긴이 문제를 연구할 때 마음속으로 3차원 모형도를 떠올렸다고 한다.

노벨물리학상 수상자인 리처드 파인만은 자신의 회고록에서 자신이 사용한 '생생한 영상'에 대해 다음과 같이 말했다.[11]

"내가 만든 전략이 하나 있어요. 아직까지도 이 방법을 사용하는데, 어떤 사람이 나를 이해시키기 위해 무언가를 설명할 때 나는 계속해서 예시를 만드는 거죠. 예를 들어, 수학자들이 엄청난 논리적 명제를 도출해낸 후 흥분해서 나에게 명제의 조건들을 설명하면, 나는 이 조건들을 머릿속으로 모두 형상화해봅니다. 한 개의 공이 두 개의 공으로 나뉘고, 색상이 변하고 털이 나는 등 계속해서 달라집니다. 마침내 수학자들이 명제를 진술했을 때, 그 내용이 내가 그린 푸른색 털북숭이 공과 일치하지 않는 엉뚱한 모양이라면, 나는 '틀렸어요!'라고 말합니다. 대개는 내가 맞더라고요."

미켈란젤로 Michelangelo, 아멜리아 에어하트 Amelia Earhart. 여성 최초로 대서양 횡단에 성공한 비행사-옮긴이, 볼프강 아마데우스 모차르트 Wolfgang Amadeus Mozart, 알버트 아인슈타인, 조지아 오키프 Georgia O' keeffe. 미국의 여류 화가-옮긴이, 무하마드 알리Muhammad Ali, 미아 햄 Mia Hamm. 세계 최고의 여자 축구 선수-옮긴이, 안셀 애덤스 Ansel Adams. 미국의 유명한 사진 작가-옮긴이, 마이클 조던Michael Jordan, 브루스 리Bruce Lee, 그리고 그 밖의 커다란 성취를 이루어내고 존경을 받는 사람들에게는 한 가지 공통점이 있다. 모두 자신의 창의적인 천재성을 발현할 수 있도록 목표를 가능한 한 생생하게 만드는 과정을 거쳤고, 이를 바탕으로 목표를 성취하고 위대한 결과물을 도출해냈다는 것이다.

분명히 우리의 생각과 목표에 생명을 불어넣는 일은 천재성과 연관이 깊다. 그렇다면 하드 골에 관한 한 우리는 모두 천재성을 발휘할 수 있지 않을까? 앞으로 당신은 절대로 '시장점유율 200퍼센트 신장'이라고 적힌 컴퓨터 모니터나 '6개월 내 15킬로그램 감량'이라고 적어 냉장고에 붙여놓은 메모를 멍하니 바라보아서는 안 된다. 당신이 자신의 목표를 마치 눈앞에 있는 듯 생생하게 떠올릴 수만 있다면, 파인만의 공상만화 같은 상상이나 무어의 3차원 미니어처, 테슬라의 공감각적 비전이 그들의 목표를 성취하게 한 것처럼, 당신 역시 자신의 하드 골의 비전을 현실로 이끌어낼 폭발적인 동력을 얻게 될 것이다.

CHAPTER 3

# 필수적인 목표

H eartfelt

A nimated

R equired

D ifficult

# REQUIRED

필수의, 필수적인

R "내일부터 시작할 거야." 이 말이 목표를 실패하게 만든다. 지금까지 당신은 수도 없이 '내일부터'라고 말해왔지만, 사실 그 말은 "절대 안 할 거야"라는 말과 다를 바 없다.

"내일부터 다이어트할 거야"라고 말하는 순간에는 진짜로 내일부터 전력을 다해 계획을 실행할 수 있을 것처럼 느끼겠지만, 막상 내일이 다가오면 또다시 '지금 당장 시작할 것이냐, 하루를 더 미룰 것이냐'라는 결정을 내려야 하는 순간에 직면한다. 그리고 '고작 하루뿐인데 어때?', '하루 더 미룬다고 뭐 큰일 나겠어?'라고 생각하며 또다시 목표를 뒤로 미룬다. 물론, 그 하루가 하루로 그친다면 문제될 것이 없다. 하지만 하루는 이틀이 되고, 이틀은 사흘이 되고, 사흘은 1년이 되기 마련이다.

오늘 해야 할 일을 내일로 미루는 것은 목표 달성을 방해하는 가장 큰 요인이다. 미국 대학생의 75퍼센트가 자기 자신을 '일을 미루는 사람'이라고 생각하고 있으며,[1] 미국 성인의 20퍼센트가 '만성적으로 일을 미루는' 것으로 밝혀졌다.[2] 이것만으로도 꽤 심각한 수준이지만, 하드 골과 관련해서 살펴보면 문제는 더 심각하다. 최근 우리가 연구한 내용에 따르면, 77퍼센트의 사람들이 다이어트를 미룬 경험이 있다고 한다. 그리고 다이어트를 미룬 사람들은 다이어트를 미루지 않고 바로 시작한 사람들에 비해 자신의 체중에 만족하지 못하는 정도가 여덟 배나 높았다.

캐나다 캘거리대학의 피어스 스틸Piers Steel 교수는 미루는 습관이 불행을 초래한다는 사실을 발견했다.[3] 실제로 94퍼센트나 되는 사람들이 미루는 습관 때문에 행복하지 않다고 말했다. 게다가, 업무를 미루는 직원들은 퇴근 후에도 일 걱정을 했고, 시험 점수가 낮은 학생들 역시 대부분 미루는 습관이 있었다. 미루는 습관은 허약 체질과도 관련 있었으며, 불안정한 재정 상태와도 관계가 깊었다.

세금 서비스 회사인 에이치&알 블록H&R Block은 2002년 조사에서 세금 신고를 미리미리 하지 않고 마감에 임박해서 하는 사람들은 서둘러 정보를 입력하는 과정에서 실수를 하는 경우가 많고, 그 때문에 평균적으로 400달러나 되는 세금을 더 납부한다고 밝혔다. 그 결과, 전국적으로 초과 납부된 세금이 총 4억 7,300만 달러에 달했다.

신기하게도, 우리는 어렵고 하기 싫은 목표만 미루는 것이 아니다. 우리는 즐겁고 재미있는 일을 할 때도 늑장을 부린다. 세계적인 컨설팅 업체인 타워그룹TowerGroup의 금융 연구원들은 미국인들이 매년 상품권 구입으로 650억 달러를 소비하지만, 상품권을 받고도 사용하지 않는 금액이 무려 68억 달러에 달한다고 밝혔다. 기업 입장에서 보면, 이러한 현상이 그렇게 부정적이지만은 않다. 2009년 미국의 가정용 건축자재 유통회사인 홈 디포Home Depot는 사용하지 않은 상품권으로 발생한 수익이 3,700만 달러라고 보고했다.

이처럼 일을 미루는 습관은 매우 흔하지만 동시에 큰 손해를 불러일으킨다. 당신이 무언가를 진정으로 이루고 싶다면, 그 목표가 이탈리아어를 유창하게 하는 것이든, 체중을 10킬로그램 감량하는 것이든, 새 사업을 시작하는 것이든, 그 무엇이든 간에 내면의 힘을 모아서 일단 시작해야 한다.

그리고 내면의 힘을 모을 수 있는 가장 효율적인 방법은 당신의 목표에 절박감을 불어넣는 것이다. 당신을 주저하게 만드는 두려움이나 의구심, 그리고 내부적이든 외부적이든 당신을 방해하는 위협 요인들은 잠시 뒤로 밀어두고, 그 목표가 지금 당신에게 얼마나 절실하게 필요한지만 생각한다면, 당신은 분명 지금 당장 착수하지 않으면 큰일이 날 것 같은 기분이 들 것이다.

끊임없이 새로운 사업에 뛰어드는 기업가 루 애들러Lou Adler는 이러한 방법을 뒤늦게나마 깨우쳤지만, 하마터면 기회를 완전히 날릴 수도 있었다. 애들러는 낙천적인 사람이라 언제나 얼굴에 미소가 떠나지 않았으며, 유쾌한 농담으로 주변 사람들을 즐겁게 해주는 사람이었다. 타고난 이야기꾼인 그는 대학 미식축구팀에서 명성을 날렸던 이야기를 들려주는 것을 특히 좋아했다.

"당시 저는 미식축구에 전혀 어울리지 않는 아이였어요. 미소년이었거든요."

졸업 이후 30킬로그램 가까이 불어난 체중을 감량하느라 애쓰던 그는 다시 말을 이었다.

"그런데 어떻게 이렇게 됐는지 모르겠어요. 마음은 여전히 운동선수 같은데, 일에 파묻혀 지내다 보니 어느 순간 몰라보게 살이 쪘죠. 체중을 줄이고 싶지만, 맘처럼 쉽지 않았죠. 다이어트를 시작했다가 실패하는 일이 계속 반복되었어요. 거의 매일 새로 다이어트를 시작하는 셈이었죠."

하지만 애들러의 삶이 크게 바뀌는 순간이 찾아왔다. 건강검진 후 의사가 고혈압과 제2형 당뇨병이라는 진단을 내렸을 때, 체중을 감량하고 싶다는 바람은 꼭 이루어야만 하는, '필수적'인 목표가 되었다.

진단을 받자마자 애들러는 집 안에 있던 인스턴트 음식을 모두 버렸고, 그런 자신의 모습에 놀란 아내에게 이렇게 말했다.

"이제 현실을 직시해야 해. 살을 빼는 건 선택 사항이 아니라 필수 사항이야. 잘못하면 죽을지도 몰라."

마치 날카로운 송곳니를 드러낸 호랑이가 더 이상 미루지 말고 어떻게 해서든 살을 빼라며 애들러의 숨통을 조이는 것 같았다. 그 메시지를 전달받은 애들러는 다행히 절박감을 느끼고, 결국 체중을 감량했다. 물론 당신의 목표에 필요성을 부여하기 위해 "디저트를 먹을 경우, 72시간 안에 심장 발작이 일어날 수 있다"와 같은 메시지를 기다릴 수는 없다. 당신의 목표가 무엇이든, 그것을 지금 당장 실천해야 한다는 급박한 마음을 갖는 방법을 터득해야 한다는 것이다.

머리로는 자신의 목표를 달성하려면 더 절실해야 한다는 것을 안다. 일을 미루는 건 나쁜 습관이라는 것도 잘 안다. 늦장을 부리다가는 수백만 달러나 되는 세금을 더 납부하게 되고, 상품권을 이용하지 않아 거의 70억 달러를 버리게 되지 않는가? 또 흡연이나 음주, 과식, 그리고 무분별한 성생활 등 불건전한 생활습관은 예방이 가능한 것이지만 동시에 가장 큰 사망 원인이기도 하다.

지금 이 순간, '내일'이란 공식적으로 접근 금지 영역이다. 당신의 뇌가 반사적으로 미래를 계획하도록 방치하지 말고, 의식적으로 당신의 뇌가 하드 골에 강한 애착을 갖게 하라. 바로 지금, 바로 여기서 행동하지 않으면 안 될 만큼, 당신의 하드 골이 필수적이라는 사실을 당신의 뇌에 각인시켜라.


## 미래를 보는 방식


우리는 미래에 얻게 될 것보다 현재 얻는 것에 가치를 두는 경향이 있다. 대개 이런 생각을 깊이 하지 않기 때문에 쉽게 수긍하기 어려울 수도 있다. 그렇다면 위 문장이 충분히 이해될 때까지 반복해서 읽어보라.

만일 내가 100달러를 지금 당장 주거나, 아니면 1년 후에 주겠다고 한다면, 아마 대부분의 사람들이 지금 받는 쪽을 택할 것이다. 지금 100달러를 투자하면 1년 후에 110달러가 될 수 있다고 생각할 수도 있고, 인플레이션으로 지금의 100달러가 1년 후에는 95달러 가치밖에 안 될 것이라고 생각할 수도 있다. 또 지금 당장 돈이 필요할 수도 있고, 지금 100달러를 받아서 원하는 것을 사는 자신의 모습이 훨씬 생생하게 떠오를 수도 있다. 그리고 1년 안에 무슨 일이 일어날지 알 수 없으므로 눈앞의 기회를 놓치지 말아야 한다고 생각할 수도 있다.

반면, 지금 당장 100달러를 받지 않으려는 사람들은 그 돈을 가지고 당장 무엇을 할지 모르기 때문일 것이다. 그들은 그 돈을 어디에 투자해야 할지 모르거나, 만약 잘못 투자하면 모두 날릴 수 있다고 생각한다. 당장 마땅히 쓸데도 없으니, 차라리 저축하는 셈치고 1년 후에 받는 쪽이 낫다고 생각할지도 모른다.

얼마 전에 서류 가방을 정리하던 나도 그랬다. 20달러짜리 지폐 몇 장을 발견하고도 곧바로 원래 있던 자리에 집어넣으면서 나는 이렇게 생각했다. '지금 이걸 꺼내 쓰면, 분명히 엉뚱한 곳에 다 써버릴 거야.' 나는 돈을 넣어둔 장소조차 머릿속에서 지워버렸고, 이 돈이 6개월 후에 유용하게 쓰일 것이라고 확신했다. 오랫동안 기업을 경영하며 재정적 성과를 거두어온 CEO였지만, 나 역시 늦은 밤 텔레비전을 보다가 옷을 압축해 보관하는 스페이스 백이나 전기 그릴 등을 충동구매하고, 한두 번 사용해보고는 지하실에 처박아두는 일이 많다. 따라서 그 돈을 서류 가방에 다시 넣어둔 것은 정말로 현명한 선택이었다고 볼 수 있다.

하지만 일반적으로 사람들은 1년 후의 100달러보다 현재의 100달러를 원한다. 미래보다 현재에 가치를 두기 때문이다. 그런데 옷돈을 얹어 줄 테니 1년을 기다렸다가 돈을 받으라고 제안한다면 어떨까? 150달러, 아니 200달러를 준다면?

당신은 복잡한 수학적 계산법을 사용하지 않고도, '할인율discount rate'이라는 개념을 이용해 이 상황을 비교, 판단할 수 있다. 할인율이란 미래의 가치를 현재의 가치로 평가하는 것으로, 현재의 금액이 미래의 얼마와 같다고 느끼느냐에 따라 결정된다.

예를 들어, 당신이 지금 받은 100달러가 1년 뒤에는 150달러의 가치를 갖게 될 것이라고 생각할 경우, 할인율은 1년치 수익(50달러)을 현재 금액(100달러)으로 나눈 50퍼센트가 된다. 120달러의 가치를 갖게 될 것이라고 생각한다면, 할인율은 20퍼센트가, 180달러의 가치를 갖게 될 것이라고 생각한다면 할인율은 80퍼센트가 된다. 결국 할인율이 높을수록 당신은 미래의 이익보다 현재의 이익에 가치를 더 많이 두게 된다.

이번에는 할인율 개념을 다이어트에 적용해보자. 오늘 저녁 당신은 외식을 했고, 지금 막 웨이터가 디저트로 촉촉한 초콜릿케이크를 들고 왔다고 가정하자. 하지만 당신은 하루 음식 섭취량을

300칼로리 줄인다는 다이어트 목표를 세워놓았고, 이 케이크를 먹는다면 당신은 오늘 설정한 칼로리 목표를 초과하게 된다. 당신이 지금 케이크를 먹는다면, 다이어트는 실패할 확률이 크다.

만일 당신이 지금 초콜릿케이크를 먹는다면, 입 안 가득 스며드는 초콜릿의 달콤함은 생물학적 연쇄반응을 일으키며 당신의 뇌에 기쁨의 자명종을 울릴 것이다. 정말로 훌륭하고 즉각적인 이익이다.

반대로 다이어트 목표를 지키기 위해 케이크를 포기했을 경우, 당신에게는 어떤 이익이 있을까? 분명히 당신은 날씬해진 자신의 모습에 만족할 것이고, 더 건강해져 있을 것이며, 스키니진도 잘 맞을 것이다. 또한 스스로를 감정적으로 잘 통제해 만족할 결과를 얻어냈다는 사실에 뿌듯해할 것이다. 이러한 점들이 지금 당장 얻을 이익보다 훨씬 의미 있는 내용들이긴 하지만, 지금 이 순간 케이크를 먹고 느끼는 기쁨보다는 훨씬 나중에 일어날 일들이다. 만일 나에게 선택권이 주어진다면?

A : 지금 케이크를 먹는다.
B : 지금 날씬해지고 기분이 좋아진다.

생각해볼 것도 없이 나는 B를 선택할 것이다. 하지만 이건 정확한 표현이 아니다. 나의 선택권은 다음 내용에 훨씬 가깝다.

A : 지금 케이크를 먹는다.

B : 3개월 후에 날씬해지고 기분이 좋아진다(하지만 지금 케이크를 먹지 못한다는 것이 너무 슬프다).


기이한 우리의 뇌 때문에, 미래 이익은 현 시점에서 얻을 수 있는 이익만큼 매력적으로 보이지 않는다. 분명 미래에 당신이 얻게 될 이익은 지금 당장 케이크를 먹어서 느끼게 될 5분간의 즐거움보다 훨씬 크고 의미 있지만, 미래 이익은 크게 와 닿지 않는다. 미래에 일어날 일을 그 누가 알 수 있단 말인가? 갑자기 식욕이 사라져 저절로 살이 빠질 수도 있고, 지방을 제거해주는 신약이 개발되어 다이어트 고민이 사라지게 될지도 모른다.

당신이 다이어트 목표를 고수할지 말지는 전적으로 '현재와 미래 중 어디에 가치를 두느냐'에 달려 있다. 지금 케이크를 먹고 작지만 즉각적인 이익을 선택하느냐, 아니면 케이크를 포기하고 더 큰 미래의 이익을 선택하느냐에 따라 목표 달성 여부가 결정되는 것이다. 관련 연구에서는 이를 '가까운 장래의 작은 이익 선택 vs 먼 미래의 큰 이익 선택Smaller Sooner vs Larger Later choice'이라고 표현한다.

우리는 미래에 얻게 될 이익보다 지금 당장 얻을 수 있는 이익에 가치를 더 많이 부여한다. 그래서 오늘의 돈이 내일의 돈보다 낫고, 지금 가만히 앉아 텔레비전을 보는 것이 내년의 건강을 위해 운동하는 것보다 좋다고 생각한다. 문제는 우리가 얼마나 현재의 이익을 중시하고 있으며, 이러한 심리적 경향이 목표를 설정하고 달성하는 우리의 능력을 얼마나 방해하느냐이다.

미국 성인의 약 30퍼센트가 고혈압에 시달리고 있다. 그런데 고혈압에 대한 인식을 개선하고 치료법을 개발해온 의학계의 노력에도 불구하고, 현재 치료율은 만족스럽지 못하다. 그래서 사우스캐롤라이나 의과대학 연구진은 할인율이 고혈압에 대한 사람들의 반응에 어느 정도까지 영향을 주는지 연구하기로 했다.[4]

연구 결과, 평균 건강 할인율이 연 43.8퍼센트에 달하는 것으로 밝혀졌다. 사람들은 지금 혈압을 재느라 낭비하는 5분이 내년에 치료를 받고 5분 더 사는 것보다 43퍼센트 이상 가치 있다고 생각하는 것이다. 사람들은 미국 상업은행의 CD 이율이 1퍼센트밖에 되지 않는데도 CD를 구입한다. 그런데 혈압 검사의 경우 미래 가치를 43퍼센트 이상 절하하는 것이다. 그렇게 많은 사람들이 적합한 치료를 받지 않는 것이 이상한 일이 아니다.

그리고 할인율이 1퍼센트 증가했을 때 환자들이 혈압 검사를 받지 않을 확률은 3.5퍼센트, 다이어트와 운동을 하지 않을 확률은 0.6퍼센트, 의사 처방을 따르지 않을 확률은 1.6퍼센트 증가하는 것으로 밝혀졌다. 더 중요한 사실은, 할인율을 50~57퍼센트까지 높게 생각한 사람들의 경우, 다시 말하면 미래에 대한 가치를 전혀 높게 평가하지 않은 사람들의 경우, 고혈압 진단을 받을지라도 다이어트와 운동을 하지 않을 확률이 거의 두 배나 높았다는 것이다.

결론은, 당신이 미래의 가치를 평가절하할수록 미래에 성취할 성과에 덜 고무된다는 것이다. 의사가 자신의 지시를 따라야 고혈압을 치료할 수 있고 더 오래 살 수 있다고 아무리 말해도, 당신이 미래에 가치를 두지 않는다면 그의 말을 따르지 않을 것이다.

어쩌면 당신은 지금까지의 이야기가 지금 당장 큰 대가를 치르고 한참 후에야 성과를 얻을 수 있는 어려운 목표에만 해당한다고 생각할지도 모른다. 하지만 미래 가치를 낮게 평가하는 성향은 성과가 바로 나오는 즐거운 일에도 부정적인 영향을 미친다.

캘리포니아대학 연구진은 시카고, 런던, 댈러스 지역에 거주했거나 그 지역을 방문했던 사람들을 대상으로 설문조사를 실시했다.[5] 그들은 사람들에게 위 도시에 얼마나 오래 머물렀으며, 방문했던 주요 관광지는 어디였는지 물었다. 조사 결과에 따르면, 해당 도시에 평균 2주 동안 머무른 관광객들이 관광지를 4.4군데 방문한 반면, 평균 1년 이상 거주한 사람들은 겨우 3.1군데만 방문했다. 다시 말해서, 거주민들이 방문한 관광지보다 단기 관광객들이 방문한 관광지가 약 42퍼센트 많았다는 뜻이다. 게다가 평균 3주 동안 해당 도시에 머무른 관광객들은 5.5군데를 방문했는데, 이는 3년 이상 거주한 사람들이 4.7군데를 방문한 것과 비교해서 17퍼센트나 높은 수치였다.

무엇보다 놀라웠던 결과는, 거주민 중 60퍼센트가 시골에서 올라온 손님과 함께 해당 지역의 주요 관광지를 방문했다는 것이다. 따라서 이들의 관광지 방문은 단기 관광객들의 방문과는 상당히 다른 이유에서 행해진 것이다. 나 역시 시골에 사는 친척들이 나이

아가라 폭포에 가자고 하지 않았다면 가까이에 살면서도 한 번도 가보지 않았을지도 모른다.

연구진은 시카고를 떠나 이주한 사람들에게도 연락을 취하여 여러 가지 질문을 했다. 이번에는 관광지를 방문했던 시기에 초점을 맞췄다. 시카고에서 평균 3년을 거주한 사람들은 시카고를 떠나기 전 마지막 6개월 동안 시카고 주요 관광지의 40퍼센트를 방문했다. 그리고 시카고를 떠나기 전 마지막 2주 동안 주요 관광지의 18퍼센트를 방문했다.

주요 관광지를 방문하는 것은 분명 재미있는 일이다. 시카고에 머무는 동안, 필드자연사박물관이나 윌리스 타워에 가보고, 시카고 강과 주위의 건축물을 감상할 수 있는 관광 유람선도 타보면 매우 즐거울 것이다. 하지만 단기 관광객들이 느끼는 다급함이 없으면 사람들은 자꾸만 일정을 미루게 된다. 미래의 가치를 낮게 평가하면, 우리는 무슨 일이건 지금 이 상황에서 하는 일을 통해 얻을 수 있는 이익이 미래에 얻게 될 이익보다 더 크다고 믿게 된다. 당신의 심리적 계산기는 이렇게 결론을 낸다.

'음, 지금 하던 일을 멈출 만큼 미래 가치가 크지는 않아. 윌리스 타워 구경이야 뭐, 다음 달이든 내년이든 아무 때나 해도 되니까.'

게다가 사람들은 미래의 여유 시간을 심각할 정도로 과대평가한다. 그리고 이런 식으로 말한다.

"지금은 정신없이 바쁘지만, 몇 달 후에는 시간이 많이 날 거야."

이와는 달리, 2주간의 관광 일정을 계획한 사람들에게 미래의 여유 시간을 계산한다는 것은 무의미한 일이다. 그들에게 할당된 시간은 단 2주뿐이기 때문이다. 따라서 단기 방문자들은 도착한 관광지에서 얻게 될 미래의 즐거움을 저평가하지 않는다.

연구진은 미래의 가치를 낮게 평가하는 것이 상품권 사용에는 어떤 영향을 미치는지 살펴보았다. 한 연구에서는 실험 대상자들에게 3주 후 또는 두 달 후 사용 기간이 만료되는 외식상품권을 지급했다. 지금까지 살펴봤던 다른 사례들과 마찬가지로, 두 달 기한 상품권을 받은 사람들은 만료 시점까지 상품권을 사용하는 데 전혀 문제가 없을 것이라고 믿었던 것 같다. 두 달 기한 상품권을 수령한 사람 중에서 68퍼센트가 상품권을 전부 사용할 수 있다고 생각했고, 3주 기한 상품권을 수령한 사람들 중에서는 50퍼센트만이 전부 사용할 수 있다고 생각했다. 그러나 실제로는 3주 기한 상품권 수령자의 31퍼센트가 상품권을 사용한 반면, 두 달 기한 상품권 수령자의 경우에는 겨우 6퍼센트만이 상품권을 사용했다.

일반적으로 사람들은 자신에게 남아 있는 시간을 과대평가할수록 자신이 해야 할 일들을, 심지어 즐거운 일까지도 미래로 미룬다. 이는 목표에 대해 절박함을 없애고, 목표를 달성하는 데 직접적으로 영향을 미친다. 우리가 미래를 너무나 저평가하기 때문에 결국 미래에 얻게 될 실질적인 이익도 평가절하되어 제대로 인식하지 못한다.

# 미래 가치를 높이는 여섯 가지 방법

그렇다면 어떻게 해야 할까? 예외가 있기는 하지만, 우리가 달성하려는 목표는 기본적으로 지금 노력하고 나중에 보상받는 기본 형태를 취한다. 오늘 밤 디저트를 포기하면 3개월 안에 날씬해질 수 있다. 지금 소비 충동을 자제하면 1년 동안 더 많은 은퇴 자금을 모을 수 있다. 지금 훈련을 하면 다음 올림픽에 출전할 수 있다. 지금 관리자 과정을 밟으면 내년에 승진할 수 있다. 지금 새로운 전략을 익히도록 직원들을 독려한다면 다음 분기 판매 실적을 올릴 수 있다.

그리고 대부분의 목표에서, 비용은 즉각적으로 발생하지만 수익은 한참이 지나서야 나타나며, 지금 지불해야 할 비용은 미래에 받게 될 이익보다 더 중요하게 여겨진다.

이는 우리가 미래에 얻게 될 이익을 중요하게 여기지 않는다는 뜻이 아니다. 우리는 지금 당장 이익이 없더라도 끝까지 견뎌가며 목표를 달성하는 것이 중요하다고 생각한다. 하지만 우리의 뇌가 '미래는 가치 없으며 현재가 훨씬 중요하다'고 판단해버리면, 목표를 달성할 가능성은 없어진다. 고혈압 때문에 생명이 위태로워질 수도 있는 상황에 직면해서도, 혈압을 측정하는 데 소요되는 5분이 내년에 더 살게 될 5분보다 훨씬 중요하다고 합리화하는 사람들을 생각해보자. 언제 죽음이 닥칠지 몰라 불안해하는 것보다 건강하게 마음 편히 사는 것은 대단히 매력적인 잠재적 이익이지만, 이러한 이익을 얻기 위해 지금 바로 행동을 취하지 못한다면 그 이익은 충분히 매력적이지 못한 것이다.

목표를 달성하고 이익을 얻기까지의 기간이 길어지면 길어질수록 미래 가치는 점점 떨어진다. 만일 오늘 앉았다 일어서기를 500회 하면 바로 내일 끝내주는 빨래판 복근이 생긴다고 한다면, 당신은 생각해볼 것도 없이 당장 시작할 것이다. 하지만 얼마나 많은 하드 골이 이렇게 빨리 결과를 가져다줄 수 있을까? 현실적으로 체중을 10킬로그램 이상 감량하고 복근을 키우려면 몇 달 동안 다이어트와 운동을 해야 한다. 그리고 어려운 목표지만 꼭 한번 해보겠다고 다짐하고 노력하다가도 당신 내면에 잠재되어 있던 감정이 폭발하면서 이렇게 말하게 될지도 모른다.

"그만둬야겠어. 알 수 없는 미래를 위해 자신을 고문하며 반년을 보내야 한다니, 정말로 멍청한 짓이야. 따끈한 프라이드치킨이나 먹으러 가자."

정상적인 반응이다. 당신의 뇌가 미래보다 현재가 중요하다고 말하고 있기 때문이다.

만일 당신이 미래 가치를 10퍼센트 정도 낮게 본다면 목표를 달성할 가능성은 커진다. 당신은 아마 '오늘의 100달러를 포기하고 내년의 170달러를 선택하라'는 나의 제안을 수락할 것이다. 또는 위험을 감수하며 사업을 시작하거나 고통을 참으며 다이어트를 시도할 것이다. 목표가 무엇이든 당신은 그 일에 뛰어들 것이다. 그러나 미래 가치를 80퍼센트까지 낮게 본다면, 당신이 미래에 받게 될 170달러가 현재의 94달러 가치밖에 안 되므로 내 제안을 받아들일 가능성은 전혀 없다. 당신은 다이어트나 그 외의 어떤 제안도 받아들이지 않을 것이다. 그리고 안타깝게도 많은 사람들이 이렇게 미래 가치를 형편없이 낮게 평가한다.

다행인 점은 이러한 문제를 예방할 수 있다는 것이다. 미래 가치가 그렇게 낮지 않다고 우리 뇌를 속이면 된다. 기본적으로 우리의 뇌는 우리가 내리는 모든 결정에 할인율 공식을 적용하려고 하지만, 투입량과 산출량의 구조를 수정하면 유리한 방향으로 조작할 수 있다. 이러한 방법으로 우리의 뇌를 속일 수 있고, 그렇게 되면 우리는 목표에 대한 절박감을 더 많이 느끼게 된다. 여기에는 여섯 가지 방법이 있다.

## 첫 번째 속임수 : 현재 비용을 미래로 옮겨라

높은 할인율을 낮출 수 있는 첫 번째 방법은 목표 달성에 필요한 현재 비용을 미래로 옮기는 것이다. 여전히 당신이 미래의 이익을 낮게 평가한다고 해도, 미래 비용의 일부를 낮춤으로써 상당 부분 균형을 맞출 수 있다. 그리고 이렇게 하는 것만으로도 목표를 대하는 심리 상태가 긍정적으로 변한다.

행동경제학의 대가인 시카고대학의 리처드 탈러Richard Thaler 교수와 슐로모 베나르치Shlomo Benartzi 교수는 몇 년 전, '점진적 저축 증대Save More Tomorrow'라고 불리는 저축 프로그램을 개발했다.[6]

이 프로그램은 사람들이 은퇴 자금의 필요성을 알면서도 월급의 실수령액이 줄어드는 것을 원치 않기 때문에 충분히 저축하지 못하고 있다는 데서 착안한 것으로, 프로그램에 참여한 사람들은 월급이 인상되면 저축률을 높인다는 방침을 따라야 했다. 이렇게 하면 실수령액은 줄어들지 않으면서(단지 늘지 않을 뿐이다) 저축에 대한 현재 비용을 미래로 옮기기 때문에, 전통적인 저축 프로그램을 고려하지 않았던 사람들까지도 저축을 매력적인 것으로 생각하게 되었다.

'점진적 저축 증대' 프로그램은 놀라운 성과를 보였다. 이 프로그램은 제조회사에서 처음 시행되었는데, 당시 회사 직원의 90퍼센트가 금융 컨설턴트와 면담을 했으며, 컨설턴트는 직원들에게 저축을 더 많이 해야 한다고 조언했다. 직원들 중 약 15퍼센트가 컨설턴트의 조언을 받아들이고 저축 금액을 늘렸다. 하지만 나머지 직원들은 실수령액이 줄어드는 것을 원치 않았고, 컨설턴트는 이들에게 '점진적 저축 증대' 프로그램을 제안했다. 이 프로그램에 참여한 직원들은 월급이 인상될 때마다 저축률을 3퍼센트 올린다는 방침에 따랐다. 그 당시 월급 인상률은 약 3.25퍼센트에서 3.5퍼센트였다.

3년이 흐른 뒤, 컨설턴트와 면담을 하지 않았던 약 10퍼센트의 직원들은 변함없이 6퍼센트대의 저축률을 유지했다. 그러나 컨설턴트와 면담을 한 뒤 조언을 받아들여서 저축을 했던 직원들의 경우, 저축률이 4퍼센트에서 9퍼센트로 상승했다. 그러면 '점진적 저축 증대' 프로그램에 참여했던 직원들은 어땠을까? 그들의 초기 저축률은 3.5퍼센트로 낮았으나, 3년 6개월 후 그들의 저축률은 거의 네 배가 상승한 13.6퍼센트가 되었다.

'점진적 저축 증대'와 비슷한 유형의 프로그램들은 우수한 성과와 성공적인 심리학적 요인을 발판으로 인기를 더해가고 있다. 2007년의 한 연구에 따르면, 미국 대기업의 40퍼센트가 '점진적 저축 증대' 프로그램을 직원들에게 제안했다고 한다.

이 프로그램이 많은 사람들에게 호응을 받고, 효과를 인정받게 된 것은 지금 당장 비용을 지불해야 하는 상황을 만들지 않고, 비용과 이익의 발생 시기를 조절했기 때문이다. 지금 당장 소요되는 비용이 많지 않다고 느끼게 하여 사람들의 부담을 줄이고, 이를 통해 미래의 가치를 높였기 때문에 이 프로그램은 성공할 수 있었다. 현재의 비용을 미래 시점으로 옮겨 비용에 대한 부담을 낮추고 미래 이익을 훨씬 매력적으로 만든 것이 성공 요인이었던 셈이다.

## 두 번째 속임수 : 미래 이익을 현재로 옮겨라

두 번째 속임수는 첫 번째 속임수와 반대로 미래 이익을 현재 시점으로 옮기는 것이다. 이런 방법을 사용하면 당신은 미래의 가치를 낮게 평가하지 않게 되며, 목표에 대한 매력을 강하게 느끼고, 당장 시작해야만 할 것 같은 절박함을 느끼게 된다.

이번에는 또 다른 형태의 저축 프로그램을 살펴보자. 이 프로그램의 특징은 즉각적인 이익을 제공함으로써 이익을 먼 미래가 아니라 현재에 얻을 수 있는 것처럼 느끼게 하는 것이다.

미래의 가치를 낮게 평가하는 사람들은 일반적으로 저소득층에 속하는 사람들이다. 그들은 저축을 해서 부자가 되는 것은 불가능하며, 차라리 복권이 당첨되기를 기대하는 편이 낫다고 믿는다. 저축을 할만한 여력이 없기 때문에 통장 하나 없는 사람들이 부지기수다.

이에 착안해 개발된 이 프로그램은 계좌에 돈을 넣어두면 복권처럼 추첨해 상품이나 현금을 탈 수 있는 것으로, 기존 저축 상품과 달리 매달 복권 추첨을 통해 수익이 발생할 확률이 있으므로 수익을 한참 후에야 받게 된다는 이유로 저축을 기피했던 사람들의 마음을 돌릴 수 있었다. 간단히 말하자면, 저축의 미래 가치를 낮게 평가하는 사람들에게 즉각적인 보상을 제공함으로써 저축을 하도록 장려한다는 것이다.

영국에서 발행하는 프리미엄 채권은 투자자들에게 이자 대신 비과세 상금을 탈 기회를 제공한다. 이 채권에 투자하는 사람은 1파운드약 1,800원-옮긴이당 하나의 일련번호를 받게 되는데, 채권을 구매할 수 있는 최소 금액이 100파운드이므로 100개의 일련번호를 받게 되고, 결국 복권에 당첨될 100번의 기회를 갖는 셈이다. 상금은 두 명에게 100만 파운드를, 백만 명 이상에게 50파운드를 지급하는 것으로 되어 있다. 현재 2,300만 명의 채권 소유자가 260억 파운드에 해당하는 프리미엄 채권을 보유하고 있다. 프리미엄 채권 웹사이트에는 다음과 같은 홍보문구가 올라와 있다. "프리미엄 채권은 재미있게 돈을 모을 수 있는 방법이며, 여러분이 투자하신 자본을 100퍼센트 안전하게 지키면서 동시에 비과세 상금 당첨에 대한 기회를 드리는 투자 상품입니다."

프리미엄 채권이 뮤추얼 펀드, 또는 안정적인 이자나 수익을 가져다주는 다른 어떤 투자 상품보다 더 좋은 상품이라고 단언할 수는 없지만, 미래의 가치를 너무 낮게 평가하고 현재를 중시하는 사람들에게는 미래 이익을 현 시점으로 끌어다 놓는다는 큰 장점이 있다.

정부 기관에서 근무하는 엔지니어인 칼Carl은 승진하기를 무척 바랐지만 결코 쉬운 일이 아니었다. 우선 새로운 기술을 배워야만 했고, 그러려면 일이 끝난 후 야간 수업을 들어야 했다. 공부를 위해 주말은 반납해야 했으며, 주중에는 일하는 시간을 늘려야만 했다. 그렇게 되면 세 살 난 아들과 함께 아내와 집에서 보내는 시간이 줄어들고, 한동안은 친구를 만난다거나 취미 활동을 하는 등 개인적인 일들을 전혀 할 수 없었다.

물론 칼도 목표를 성취했을 때 자신이 무엇을 얻을 수 있을지 잘 알고 있었다. 칼과 그의 아내는 둘째 아이를 가질 계획이었고, 승진을 해서 월급을 더 받는다면 둘째를 낳아 기르기가 훨씬 쉬울 것이라고 생각했다. 사실, 아이를 하나 더 갖고 싶다는 칼의 진심 어린 마음이 승진을 결심하게 된 동기였다. 그럼에도 불구하고, 칼은 몇 달 동안 많은 것을 포기해야 한다는 사실이 너무 두려웠다. 그리고 목표를 달성하지 못할 수도 있다고 생각하니 걱정스러운 생각이 들었다.

칼이 자신의 하드 골에 대해서 끊임없이 동기를 느끼고 계속 추진해나갈 수 있으려면, 미래에 얻게 될 이점들 중에서 현재 시점으로 옮길 수 있는 것이 무엇인지 살펴봐야 한다. 칼과 그의 아내는 돈을 더 벌 때까지 둘째를 갖지 않겠다고 결심하긴 했지만, 둘째가 생긴다는 생각만으로도 너무 기뻤다. 칼은 미래 이익을 현재 시점으로 옮기는 한 가지 방법으로, 태어날 아이의 방을 미리 만들어놓기로 결심했다. 칼은 이렇게 말했다.

"저는 아이 방을 만들면서 왜 지금 제가 최선을 다해야 하는지 깨닫게 되었습니다. 페인트칠을 하고 벽지를 바르다 보면 아내와 저는 둘째 아이 생각만으로도 정말 행복합니다. 지금 당장 아이를 낳을 수는 없지만, 이런 행복감을 매일매일 느끼는 것이 지금 제가 해야 할 일들을 해내는 데 정말 큰 도움이 되는 것은 분명합니다."

### 세 번째 속임수 : 당신의 이익을 더 그럴듯하게 만들어라

흔히 사람들은 비용에 대해서는 구체적으로 표현하면서 이익에 대해서는 추상적으로 표현하는 잘못을 저지른다. 한 예로 다이어트에 드는 비용 항목을 이야기하라면 끝도 없이 늘어놓을 수 있을 것이다.

"나는 이제부터 치즈가 듬뿍 들어간 맛있는 피자도 먹을 수 없고, 바삭바삭하게 튀긴 프라이드치킨도 먹지 못할 거야. 입 안에서 사르르 녹는 달콤한 초콜릿케이크도 포기해야 하고, 식후에 우유

와 설탕이 듬뿍 들어간 카페라테 한 잔도 자제해야겠지. 업무 끝나고 동료들과 어울려 한 잔 마시는 시원한 맥주 맛도, 회식하며 배불리 먹는 고기 맛도 이젠 다 끝이야. 거기다가 매일 밤 굶주림으로 인한 격렬한 고통을 느끼며 잠 못 이루게 될 거야."

얼마나 명확하고 구체적인가?

반대로 하드 골에 대해 모른다면, 아마 이익에 대해서 이런 식으로 표현할 것이다.

"나는 날씬해질 것이고, 나 자신에게 더 만족할 것이며, 건강하게 더 오래 살 것이다."

비용을 설명한 내용보다 얼마나 더 짧고 추상적인지 비교가 되는가? 2장에서 살펴봤던 '추상적인 단어로 표현할 경우 연상능력이 떨어진다'는 내용을 기억한다면, 당신은 이익에 대한 설명이 왜 무미건조하게 느껴지는지 그 이유를 알 것이다.

2장에서 언급한 기술들을 활용하면, 미래에 우리가 얻게 될 이익을 좀 더 생생하고 훨씬 구체적으로 표현할 수 있다.

"나는 날씬해질 거야"라고 말하는 대신 이렇게 말해보는 건 어떨까?

"나는 요즘 한창 유행하는 진청색 스키니진을 입을 거야. 너무 입고 싶었는데 매장에 사러 갔다가 맞지 않아서 그냥 나왔던 그 바지 말이야. 그 위에는 저번에 TV에서 본 연예인처럼 몸에 딱 붙는 흰색 셔츠를 입어야지. 전에 온라인 매장에서 한 사이즈 작은 걸로 구입했었는데 그걸 입으면 되겠네."

만약 당신이 병원을 운영한다면, "우리는 고객의 건강과 안전을 최고로 여기는 문화를 창조해나갈 것입니다"라는 목표를 설정하는 대신 다음과 같이 말할 수 있다.

"우리는 환자에게 피해가 갈 수 있는 실수가 발생하면, 그것이 아무리 사소한 것이라도, 그리고 실제로 피해가 발생하지 않았더라도 반드시 보고하고 공유할 것입니다. 그리고 그 실수가 발생한 원인을 72시간 이내에 두 가지 이상 밝히고, 96시간 이내에 해결책을 강구할 것입니다. 이를 통해 우리 병원의 모든 의사와 간호사들이 환자의 안전이 최우선임을 확실히 인지하도록 할 것입니다."

당신은 목표 달성으로 얻게 될 이익 하나하나를 분명하고, 선명하고, 생생하게, 그야말로 구체적으로 떠올려야 한다.

### 네 번째 속임수 : 비용을 최소화하라

물론, 목표를 달성하는 데 드는 비용을 계산하는 당신의 뇌를 멈추게 할 수 있다면 가장 좋을 것이다. 하지만 뇌를 멈추게 할 수는 없다. 돌발 테스트를 해보자. '분홍 코끼리가 있다' 라는 생각을 하지 않는 테스트다. 지금 무슨 일을 하든, 절대로 '방 한가운데 분홍 코끼리가 있다' 는 생각을 하지 말아야 한다. 자, 결과는? 아마도 대부분 머릿속에 분홍 코끼리의 이미지를 떠올렸을 것이다. 그리고 몇몇은 그 이미지가 한동안 지워지지 않을 것이다.

또 이렇게 생각해보자. 나는 높은 곳을 유난히 싫어한다. 따라서 내가 만일 아주 높은 절벽 위에 서 있다면, 추호도 아래를 내려다보고 싶어 하지 않을 것이다. 그러나 누군가가 나에게 "아래를 보지 마"라고 말할 경우에는, 나는 절벽 아래를 내려다보게 될 것이다. 왜 그럴까? '아래를 보지 말아야지'라고 생각하려면, 그 전에 먼저 '아래를 보다'라는 생각을 할 수밖에 없기 때문이다. 따라서 나의 사고는 이런 식으로 진행된다. "'아래를 보다'라는 생각을 해버렸네. 안 돼, 재빨리 이 생각을 부정해야지. 이런, 너무 늦었잖아. 내려다보고 말았어. 젠장!"

나는 당신에게 목표를 달성하는 데 비용이 든다는 생각을 부정하거나 무시하라고 말하는 것이 아니다. 대신 그 모든 비용이 당신의 목표를 달성하는 데 얼마나 큰 도움이 되는지 '긍정적으로 바라보라'고 말하는 것이다.

만약 당신이 금연을 결심했다면, 특히 식사 후에 느끼는 흡연 욕구를 참기가 매우 어려울 것이다. 이때 당신이 금연이라는 목표를 달성하기 위해 지불하는 비용은 담배를 피우지 못한다는 사실이지만, 담배를 피우지 말아야 한다고 생각할 때 느끼는 심적 고통 역시 상당히 크다.

이런 경우라면 나는 이렇게 하겠다. 먼저, 나는 담배 케이스를 한 번 쳐다보고 마음을 굳게 먹을 것이다. 얼마 전 랜스 암스트롱 Lance Armstrong. 고환암을 이겨내고 투르드프랑스에서 7년 연속 우승했다—옮긴이에 관한 인터뷰 기사를 읽었는데, 암스트롱은 "자전거를 타다 보면 더 이상 못 탈 것 같이 고통스럽게 느껴지는 순간이 다가오는데, 나는 그 순간에 희열을 느낀다"고 말했다. 만약 고통 경연대회나 고통의 축제가 열린다면 그 승리의 주인공은 바로 암스트롱일 것이다. 그는 고통을 인내하는 과정을 통해 다른 누구보다 더 강해졌기 때문이다. 자, 나도 암스트롱처럼, 미칠 것 같은 고통을 오히려 즐기며 결국 목표를 성취하는 사람이 된다면 얼마나 멋질까?

흡연의 욕구를 뿌리치면서 얻을 수 있는 또 다른 이익은 금연이라는 목표에 완전히 전념하는 자신의 강한 의지를 확인하면서, 결국 목표를 성취할 수 있다는 확신을 갖게 된다는 것이다. 사람들이 미래 가치를 저평가하는 이유 가운데 하나는 미래의 불확실성 때문이다. 따라서 현재의 확신을 바탕으로 미래의 불확실성과 싸우다 보면, 미래 가치가 높아지고, 미래 이익이 더 크게 느껴진다. "아무도 날 막을 수 없어. 그 어떤 장애물도 내 의지를 꺾지 못해, 절대로"라는 확신이 강화되는 것이다.

비용을 이익으로 재구성하기 위해서는 먼저 이런 질문을 스스로에게 던져봐야 한다.

첫째, 이 과정에서 나는 무엇을 배우는가? 둘째, 내가 지금 지불하는 비용은 후에 더 큰 목표를 달성하는 데 도움이 될까?

## 무엇을 배우는가?

우리 연구진이 수행한 목표 관련 연구에 따르면, 사람들은 학습을 상당히 좋아하며, 새로운 지식이나 기술을 습득하는 것 자체를 굉장한 이익으로 여기는 것으로 밝혀졌다. 이에 대해서는 4장에서 자세히 살펴볼 것이기 때문에, 여기에서는 업무 목표를 달성하기

위해 새로운 기술을 습득했던 직원들은 어떤 특징이 있었는지에
대해서만 간단히 소개하겠다.

- "나는 이 회사에서 계속 일하고 싶어"라고 말하는 비율이 22배
  높았다.
- "내 상사는 정말 함께 일하기 좋은 분이야"라고 말하는 비율이
  17배 높았다.
- "우리 회사는 일하기 좋은 회사야"라고 말하는 비율이 21배
  높았다.

당신이 어려운 목표를 달성한 후 "정말로 어려웠지만 그 덕에
새로운 기술을 상당히 많이 배울 수 있었죠"라고 말하는 사람이라
면, 더 강화된 역량과 목표에 대한 집중력으로 향후 더 큰 목표를
성취할 가능성이 매우 높다.

예로 들면, 나는 다이어트를 하면서 다양한 지식을 배웠다. 우
선, 칼로리 계산법을 배웠고, 실제로 신체에 열량이 필요한 경우와
심리적인 배고픔을 구분하기 위해서 몸이 보내는 신호를 읽는 법
을 배웠고, 사고와 욕망을 제어하는 법을 배웠고, 달콤한 것을 좋
아하는 식습관을 과일처럼 칼로리가 낮은 식품으로 대체할 수 있
는 법을 배웠다. 이외에도 전에는 알지 못했던 많은 지식을 습득할
수 있었다.

관리자 중에서도 경영전략 컨설팅이나 구조조정, 벤처 자금과

관련된 일 등을 담당하는 자리는 성공으로 가는 지름길로 여겨지고 있다. 이유가 뭘까? 학습곡선learning curve. 기업의 경영전략을 구상하는 데 기초가 되는 곡선으로, 누적된 경험이 많을수록 기업 비용이 저하되고 수익성은 상승한다—옮긴이이 강화되기 때문이다. 뿐만 아니라 모든 기업이 학습 경험이 많고, 업무 처리가 빠르며, 정열적으로 일하는 사람을 고용하고 싶어 하기 때문이다. 어떤 면에서 보면, 목표를 달성하기 위해 지불해야 하는 비용은 사실상 비용이 아닐 수도 있다. 오히려 당신을 더 훌륭하고, 똑똑하고, 강인하게 만들기 위한 투자에 가깝다.

퀸 테일러Quinn Taylor는 늘 일과 가정, 개인 생활이 구분되지 않은 채 뒤엉켜 있다는 느낌을 받아왔다. 더 이상은 이대로 둘 수 없다는 생각에 그녀가 마침내 자신을 둘러싼 생활들을 체계적으로 정리해야겠다고 결심했을 때, 그녀는 일생일대의 목표를 수립한 것 같은 기분이 들었다. 퀸은 이렇게 털어놓았다.

"일, 개인 생활, 아이들, 가정, 모든 것이 엉망이었어요. 계속 이런 식으로 살다간 모든 게 무너져버릴 것 같았지요. 제가 만들어놓은 혼란 때문에 곤란한 상황을 겪게 되는 순간들이 너무나 많았거든요."

퀸이 자신의 목표를 추진해나가는 것은 결코 쉽지 않았다. 그녀는 모든 혼란이 멈추고 삶이 제대로 돌아가기를 간절히 기도했다.

"저는 저 자신에게 계속 말했어요. '이건 작은 혼란일 뿐이야. 그 무엇도 나를 무너뜨릴 수 없을 거야'라고요. 저는 제 목표를 끝까지 밀고나갈 수 있는 방법을 찾아야만 했어요. 그래서 엉망인 상황을 하루에 하나씩 정리해보자고 결심했죠."

그런 과정을 통해 퀸은 자신에 대해 알아가기 시작했다. 그녀는 이렇게 말했다.

"왜 제가 늘 현실적으로나 정신적으로 산만한지, 전에는 이유를 몰랐어요. 그런데 그게 현실을 회피하기 위한 수단이었더라고요. 제가 만든 혼란 때문에 살면서 누려야 할 좋은 것들을 많이 놓쳤어요. 아이들과 보내야 하는 중요한 순간도 그냥 흘려보냈고요. 혼란스러운 환경은 제 삶뿐만 아니라 가족에게도 부정적인 영향을 끼쳤어요. 요즘 우리 가족은 이전에 비해 훨씬 행복해졌답니다."

퀸은 많은 것들을 깨달았다. 이 깨달음 덕분에 그녀는 앞으로도 자신에게 반드시 필요한 목표들을 설정하고 충분히 달성해나갈 수 있으리라는 자신감을 얻을 수 있었다.

"가장 중요한 것은 제가 체계적으로 정리하는 법을 배웠다는 거예요. 이렇게 할 수 있을 거라고는 상상도 못했는데, 제가 해냈어요. 쉽지는 않았지만 끝까지 노력했고, 결국 이루어냈죠. 지금 저는 제가 원한다면 다른 어떤 일도 할 수 있을 거라는 자신감이 생겼어요. 이번 목표보다 더 큰 목표라도 말이죠. 그리고 그 어떤 일도 불가능하다고 생각하고 포기해서는 안 된다는 것을 깨달았어요. 그 대신 저는 '그래, 나는 할 수 있어'라고 생각해요. 정말로 힘이 되는 방법이죠."

내가 지금 지불하는 비용은 후에 더 큰 목표를 달성하는 데 도움이 될까?"

목표란, 전부를 얻거나 아무것도 얻지 못하는 극단의 현상이 아니다. 무언가를 성공했다는 것은 더 큰 목표를 위한 하위 목표를 달성했다는 의미다. 당신이 달성한 하위 목표를 어떤 시각으로 바라보는가에 따라 향후 자신이 더 큰 목표를 위해 얼마나 헌신할 수 있는가가 결정된다.

최근 몇몇 연구에서는 하위 목표 달성을 더 큰 목표와 관계없는 별개의 성과로 바라봤을 때, 목표를 성취하기 위해 끊임없이 노력해야겠다는 동기가 약화된다는 사실을 밝혀냈다. 우리 뇌가 이런 식으로 말한다는 것이다.

"휴우, 어렵군. 하지만 모두 끝났으니 이젠 쉬어야겠어."

이와 반대로 하위 목표를 달성하는 것으로 자신이 더 큰 목표를 성취할 수 있는가를 시험한다고 생각하는 사람은, 나중에 더 큰 목표를 세우면 더욱 헌신하는 것으로 나타났다. 따라서 앞으로 당신은 어떤 목표를 달성할 때마다, 이것이 더 큰 목표를 달성할 자신의 의지를 증명하는 것이라고 스스로에게 말해야 한다.

하위 퍼스 Howie Pierce 는 내 강연에 참석했던 청중이었다. 나는 책에 사인을 해주고 그와 짧게 이야기를 나누었는데, 그때 그는 나에게 이렇게 말했다.

"저는 일정 관리를 지독히도 못합니다. 늦장 부리기의 대가죠. 그래서 저는 오늘 맡은 일을 끝내는 것부터 시작하자는 하드 골을 세웠습니다. 엄살이 아니라, 어떤 날은 정말 너무나도 힘듭니다. 하지만 저는 하루하루가 새로운 도전이라고 생각합니다. 오늘은 제 상관이 분기별 재무 분석을 업그레이드하라고 지시했어요. 사실 지금까지 저는 집중을 잘 못하고 일을 마무리해야 하는 것도 종종 잊어버리곤 해서, 동료 직원들이 언제까지 업무를 완료하라고 알려주곤 했어요. 모든 업무가 그런 식이었죠. 하지만 오늘 저는 지시받은 업무를 끝냈어요. 컴퓨터 프로그램을 잘못 사용하거나 보고서에 엉뚱한 데이터를 올리는 실수로 동료 직원들을 애먹이는 일도 없었죠. 기분이 정말 좋네요."

퀸의 목표와 마찬가지로 하위의 목표 또한 평생 동안 노력해야 하는 것이다. 만일 이 두 사람이 일상의 작은 목표를 달성하기 위해 애쓰는 것이 더 큰 목표에 전념하는 자신의 의지라고 여기지 않았다면, 쉽게 의욕을 잃어버리고 결국 목표 달성에 실패하고 말았을 것이다.

## 다섯 번째 속임수 : 당신의 할인율을 직접 공략하라

우리가 미래 가치를 얼마나 할인하는지는 세상을 바라보는 방식, 미래를 예측하는 방식, 목표나 능력을 판단하는 방식, 시간을 인지하는 방식 등에 따라 다르다. 그리고 할인율은 우리 내면 깊은 곳에 자리 잡은 개인의 성격 특성을 반영한다. 따라서 할인율을 변경하는 것은 쉽지는 않지만, 그렇다고 전혀 방법이 없는 것은 아니다.

할인율은 우리 각자의 생각을 반영하기는 하지만, 현실을 반영하지는 않는다. 내가 지금 담배를 피우고 케이크를 먹는 것은 미래의 가치를 낮게 평가했기 때문이다. 내일 당장 무슨 일이 생길지도 모르니 일단 현재를 즐기자고 생각하는 것이다. 또는 지금의 유혹을 극복할 수 없다는 생각에 미래의 가치를 완전히 왜곡했을 수도 있다.

하지만 현실에서는 내일 당장 무슨 일이 생길 가능성은 거의 없고, 담배와 케이크의 유혹이 절대로 거부할 수 없을 만큼 강력한 것도 아니다. 그보다는 오히려 담배와 케이크 때문에 병에 걸려 오랫동안 고통스러운 투병 생활을 할 수도 있다는 것이 더 현실적이다. 폐암이나 심장병은 결코 간단하게 치료할 수 있는 병이 아니다. 문제는 우리가 너무나 많은 부분을 '흑백 논리'로만 생각하고 있으며, 이러한 사고방식이 현실과는 거리가 멀다는 것이다.

이를 극복하기 위해 당신은 자신을 벤치마킹하는 방법을 활용할 수 있다. 당신과 비슷한 사람들을 찾아 당신과 비교해보는 것이다. 비슷한 수준의 비교 대상자들을 모아서 그들 인생의 오르막과 내리막, 행동, 결과, 목표, 성공, 실패 등 그들이 살아온 발자취를 추적해보라.

그런 다음 그들의 과거와 현재의 모습을 살펴보면서 할인율을 조정하라. 만일 비교 대상자 중에서 두 명이 직장을 잃었다면, 당신의 은퇴 계획에 대한 할인율도 그에 따라 조정하면 된다. 만약 당신이 수많은 CEO들과 이들이 운영하는 기업의 80퍼센트가 지금도 성장하기 위해 분투하고 있다는 사실을 발견한다면, 비용과 이익을 어떻게 바라봐야 하는지, 앞으로 어떤 마음가짐으로 당신의 목표를 달성해나갈 것인지 다시 한 번 생각해보게 되는 계기가 될 것이다.

## 여섯 번째 속임수 : 선택의 범위를 좁혀라

당신의 뇌를 속여서 목표의 필요성을 훨씬 절박하게 느낄 수 있는 마지막 방법이 있다. 당신의 선택권을 제한하는 것이다. 일반적으로 우리는 선택의 범위가 넓을수록 좋다고 생각한다. 그러나 선택의 범위가 지나치게 넓으면 오히려 목표 달성에 방해가 된다.

콜롬비아대학의 시나 아이옌거Sheena S. Iyengar와 스탠포드대학의 마크 레퍼Mark R. Lepper는 선택권과 관련해 흥미로운 사실을 발견했다.[7] 연구진은 식료품 가게에 고급 잼을 진열했다. 한쪽 진열대에는 스물네 가지 잼을 시식할 수 있도록 진열했고, 다른 진열대에는 단 여섯 가지 잼만 시식할 수 있도록 진열했다.

선택의 범위가 넓으면 넓을수록 좋은 것일까? 고객들도 처음에는 그렇게 생각했던 것 같다. 스물네 가지 잼이 놓인 진열대를 방문한 고객이 60퍼센트였던 반면, 여섯 가지 잼이 놓인 진열대를 방문한 고객은 40퍼센트에 그쳤기 때문이다. 그러나 구매율은 그에 비례하지 않았다. 스물네 가지 잼이 놓인 진열대를 방문한 고객은 겨우 3퍼센트만이 실제로 잼을 구입했지만, 여섯 가지 잼이 놓인 진열대를 방문한 고객은 30퍼센트가 잼을 구입했다. 선택의 범위가 좁은 곳에서 구매율이 열 배나 높았던 것이다.

시나 아이옌거는 이와 비슷한 연구로 미국의 퇴직연금 제도 중 하나인 401(k) 플랜에 참여하는 사람들을 관찰했다.[8] 개인과 마찬가지로 기업들 역시 직원들이 다양한 선택권을 원한다고 생각하고, 선택할 수 있는 투자 상품을 다양하게 제시했다. 하지만 잼 연구에서 그랬던 것처럼, 회사가 투자 상품을 너무 다양하게 제시하면 할수록 401(k) 플랜에 참여하는 직원들의 숫자는 감소했다. 예를 들어, 투자할 수 있는 펀드 종류가 두 가지였을 때 직원들의 참여율은 75퍼센트까지 상승했다. 그러나 펀드 종류가 쉰아홉 가지로 늘어나자 직원들의 참여율이 약 60퍼센트로 하락했다. 실제로, 회사가 펀드를 열 개씩 추가할 때마다 직원들의 참여율은 2퍼센트씩 감소했다.

만일 당신이 아마존닷컴Amazon.com에서 물건을 구입한 적이 있다면, 사이트에서 제공하는 추천 목록을 본 적이 있을 것이다. 아마존닷컴은 고객의 과거 구매 목록을 살펴보고 고객이 만족할만한 상품을 추천한다. 당신은 아마존닷컴이 왜 당신에게 '추천'을 해주는지 그 이유를 생각해본 적이 있는가? 물론 아마존닷컴이 추천을 해주는 이유는 당신에게 도움이 되는 정보를 제공하기 위해서다. 하지만 그보다 더 근본적인 이유는 당신의 선택권을 제한하기 위해서다. 아마존닷컴은 당신이 너무나 다양한 선택권과 마주할 경우, 아무것도 구매할 수 없다는 사실을 잘 알고 있다. 하지만 선택할 수 있는 사항을 제한하여 몇 가지 목록만 추천했을 경우, 실제로 당신은 추천 목록 중 한 가지를 구매하게 될 확률이 높다.

이처럼 사람들에게 많은 선택 사항을 제공하고 그중 하나를 선택하게 했을 때, 구매율은 낮았고, 구매한 물건에 만족하지 못하고 후회하는 비율은 높았다. 반대로 선택 사항을 적게 제공했을 때, 구매율은 열 배나 높았고, 구매한 물건에 대한 만족도도 높았다.

우리 뇌는 언제나 비용과 이익을 계산하고 있다. 하지만 우리에게 너무 많은 선택권이 주어지면, 뇌는 갈피를 잡지 못한다. 따라서 선택하지 못해 괴로운 상황에 처하기 전에, 선택의 범위를 좁히고 그중 하나를 선택하는 것이 좋다.

선택의 범위를 좁힌다면, 당신은 목표에 훨씬 더 집중할 수 있다. 눈앞에 놓인 디저트 접시를 보고 정신을 못 차리고 초콜릿케이크를 게걸스럽게 먹고 나서 몇 시간 동안 자기반성의 시간을 보내는 일이 발생하기 전에, 먼저 무엇을 먹을지 선택권을 제한하고 식당에 가라. 또 하루 종일 일하고 나서 쉬고 싶다는 마음이 간절하기 전에, 무슨 운동을 할지 먼저 계획하라. 직원들에게 300가지가 넘는 온라인 교육 프로그램을 제공했으니 직원들이 교육에 몰두할 것이라는 기대는 버리고, 모든 직원이 반드시 들어야 하는 과정만 선택해서 목록을 축소하라.

이와 마찬가지로, 목표의 기한을 설정할 때도 너무 다양한 선택 사항을 부여해서는 안 된다. 《상식 밖의 경제학 Predictably Irrational》의 저자인 댄 애리얼리 Dan Ariely 는 클라우스 베르텐브로흐 Klaus Wertenbroch 와 함께 학생들이 과제 제출 기한을 어떤 방식으로 설정하는지, 그

리고 그 방식을 따랐을 때 이들의 성적은 어떠한지를 분석했다.[9]
연구진이 선택한 강의는 MIT에서 실시하는 경영자 교육 과정이었다. 다시 말해서, 대학 신입생들이 듣는 강의가 아니라 노련한 전문가들이 거금을 투자해서 듣는 강의였다. 이 강의에서는 학생들에게 과제물로 보고서 세 개를 제출하게 했는데, 그룹별로 제출 방식과 기한을 달리했다. 한 그룹의 학생들에게는 제출 기한을 일정하게 설정해주었다. 세 번째, 여섯 번째, 아홉 번째 수업이 끝날 때마다 보고서를 하나씩 제출해야 하는 식이었다. 다른 그룹의 학생들에게는 각자 나름대로 원하는 기한을 설정하게 했다. 세 개의 보고서를 따로따로 제출해도 되고, 수업 마지막 날에 세 개를 한꺼번에 제출해도 상관없었다. 학생들이 지켜야 할 것은 제출 날짜를 미리 선택하고 그 결정에 따라야 한다는 것뿐이었다.

이성적으로 생각해보면, 수업을 받으면서 배우는 것도 많아지고 한꺼번에 보고서를 작성하면 시너지 효과도 얻을 수 있기 때문에, 마지막 날 보고서를 제출하는 것이 효율적일듯했다. 그러나 과연 그랬을까?

연구 결과, 정해진 날에 보고서를 제출해야 했던 학생들이 자기 나름대로 제출 기한을 설정했던 학생들보다 성적이 더 좋았다. 자유롭게 결정하고 선택하는 것이 더 좋다는 말은 이제 그만 해야 할지도 모르겠다. 그런데 흥미로운 결과가 하나 더 있었다. 스스로 제출 날짜를 정하고 세 번에 나누어 보고서를 제출했던 학생들은 선택권이 없었던 학생들과 성적이 비슷했고, 수업 마지막 날 보고서를 모두 제출했던 학생들보다는 우수했다.

이 연구에서 알 수 있듯이, 선택 사항이 많이 주어지는 것은 목표 달성에 도움이 되지 않는다. 그와 반대로 선택의 범위를 좁히고 목표에 대한 집중력을 키우는 것이 목표를 달성할 수 있는 지름길이다.

## 목표를 당신의 것으로 만들어라

'소유 효과endowment effect'는 리처드 탈러가 발견하고 아모스 트버스키와 대니얼 카너먼Daniel Kahneman이 발전시킨 '심리적 편견'으로, 사람들은 자신이 이미 소유한 물건의 가치를 더 높게 평가한다는 것이다. 예를 들어, 평범한 빨간색 머그잔을 소유한 사람에게 그 잔을 팔라고 말할 경우, 실제로 이 문제를 연구한 다수의 실험 결과에 따르면 그는 이렇게 말할 가능성이 크다.

"7달러 이하로는 팔지 않겠습니다."

하지만 그가 매장에 가서 지금 가지고 있는 머그잔과 똑같은 것을 살 경우에는 3달러 이상은 지불하지 않을 것이다. 이러한 차이를 어떻게 설명하겠는가? "우리는 자신이 소유한 물건에 더 많은 가치를 부여한다"고 설명할 수밖에 없다.

소유 효과를 쉽게 설명해주는 실험이 하나 있다. 아이오와대학의 어윈 레빈Irwin Levin과 이탈리아 라사피엔차대학의 마르코 라우리

올라<sub>Marco Lauriola</sub>는 소유 효과가 피자 구매에 어떠한 영향을 미치는 지 살펴보았다.[10] 연구진은 미국과 이탈리아 대학생들에게 열두 가지 재료를 선택해서 자신이 좋아하는 피자를 만들도록 했다.

미국에서의 실험은 다음과 같이 진행되었다. 대학생들은 피자 재료를 '추가하는 그룹'과 '덜어내는 그룹'으로 나뉘었다. 재료를 추가하는 그룹은 다른 재료가 하나도 들어 있지 않은 '기본' 피자 에, 버섯, 피망, 파인애플, 페퍼로니 등 각각 50센트에 해당하는 별도의 토핑을 추가해야 했다. 재료를 덜어내는 그룹은 열두 가지 재료가 모두 들어 있는 '슈퍼' 피자로 시작하되, 토핑을 하나씩 뺄 때마다 피자 가격이 50센트씩 줄어든다는 이야기를 들었다. 연구 진은 두 그룹 모두에게 자신들이 좋아하는 피자가 될 때까지 원하 는 만큼 재료를 추가하거나 덜어내야 한다고 말했다.

이탈리아에서 실시한 실험도 기본적으로는 미국과 같은 방식으 로 진행되었지만, 이탈리아인의 입맛에 맞게 피자 재료를 몇 가지 바꾸었고(페퍼로니와 파인애플을 이탈리아산 매운 소시지와 채소로 대 체했다), 추가적으로 샐러드에 들어갈 재료도 선택하게 했다.

피자 재료를 덜어내게 했던 것은 피자에 대한 소유권을 느끼게 하기 위해서였다. 사람들은 모든 재료가 완벽하게 들어 있는 피자 를 떠올리는 순간, 무의식적으로 이미 그것이 자신의 것이라는 생 각을 하게 된다. 따라서 누군가가 피자 위의 재료를 덜어내려고 한 다면 당신의 뇌는 이렇게 말할 것이다.

"이봐, 그건 내 피망이야. 내 페퍼로니고, 내 소시지라고!"

심지어 피망이나 소시지를 그렇게 좋아하지 않으면서도, "모두 내 거야. 내 소유야"라고 말하며 쉽게 포기하지 않으려 한다.

그러나 재료를 추가하는 상황이라면, 당신은 기본 피자를 당신의 피자라고 생각하게 된다. 아직 당신이 기본 피자 위에 다른 재료들이 올라간 모습을 떠올리지 않았기 때문에, 당신의 뇌는 재료들을 소유하지도 않고, 피자 위에 다른 재료를 올리든 말든 관심이 없는 것이다.

이 같은 생각은 실험을 통해 사실로 밝혀졌다. 미국 아이오와대학의 실험 결과를 살펴보면, 피자 재료를 추가했던 그룹에서 선택한 토핑 개수는 평균 2.7개였다. 그러나 재료를 덜어냈던 그룹, 즉 심리적으로 모든 재료가 자기 소유라고 생각하고 좀처럼 포기하지 못했던 그룹의 학생들이 선택한 토핑 개수는 평균 5.3개였다. 만일 당신이 여러 가지 재료들로 가득한 슈퍼 피자에서 재료를 덜어내야 하는 상황에 처하게 된다면, 기본 피자로 시작하는 사람들보다 1달러 29센트를 더 소비하게 된다는 것이다. 이탈리아의 실험 결과도 이와 비슷했으며, 샐러드 재료 선택에서도 마찬가지였다. 샐러드가 가득 담긴 접시로 시작한 사람들의 경우 샐러드 재료를 두 배나 더 많이 선택했다.

그렇다면 이 모든 것들이 의미하는 것은 무엇일까? 피자 실험에서 재료를 덜어내게 했던 그룹이 피자를 소유했던 것처럼, 당신이 생생하게 그려낸 당신의 목표를 심리적으로 소유하게 되면, 목표는 당신과 하나가 되고, 당신의 뇌는 늑장을 부리거나 혼란스러워하는 등 목표를 이루는 데 방해가 되는 온갖 행동에 반응을 하면서 다음과 같이 말할 것이다.

"나는 목표를 달성해야 해. 엉덩이를 바짝 붙이고 열심히 하란 말이야! 시간만 잡아먹는 쓸데없는 짓은 그만 하고, 어서 목표로 이동하라고!"

이처럼 당신의 목표가 진정 필요하고 절실하다고 느끼기 위해서는 미래를 현실로 끌어와 당신의 뇌가 목표를 소유하게 해야 한다. 이미 자신의 소유인 생생한 목표를 당신의 뇌는 놓치고 싶어 하지 않는다. 이는 미래 가치를 높이고 당신의 뇌를 속이는 방법이다. 이렇게 하면, 당신의 뇌는 피자 재료를 선택할 때와 마찬가지로 목표를 계속 소유하기 위해 기꺼이 더 많은 비용을 지불할 것이다. 당신의 뇌는 당신이 떠올린 목표를 만질 수도 있고, 냄새를 맡을 수도 있으며, 느낄 수도 있고, 맛을 볼 수도 있어서, 목표를 지키기 위해서라면 터무니없는 가격이라도 기꺼이 치르고자 할 것이다. 만일 당신이 당신의 뇌에게 "미안해, 사실 그 목표는 현실이 아니야. 그저 지독하게 생생한 그림으로 너를 속인 거야. 목표를 달성하려면 아직도 멀었어"라고 말한다면, 당신의 뇌는 이렇게 답할 것이다.

"일어나서 일 좀 해. 피망이랑 소시지가 들어 있는 피자 맛을 봤단 말이야. 나는 더 먹고 싶다고."

# 어려운 목표

H e a r t f e l t

A n i m a t e d

R e q u i r e d

D i f f i c u l t

## DIFFICULT

1. 곤란한, 어려운
2. 알기 힘든, 풀기 힘든
3. (사람이) 까다로운, 완고한, (형편 등이) 대처하기 어려운,
   (일이) 다루기 힘든

**D**당신이 지금까지 이루었던 가장 의미 있고 중대한 성과는 무엇이었는지 다시 한 번 떠올려 보라. 직업적인 성과든 개인적인 성취든 상관없다. 예를 들어 '신규 사업을 시작했을 때', '마라톤을 완주했을 때', '대회에 출전해 우승했을 때', '큰 반향을 일으킨 제품을 개발했을 때', '대학 학위를 받았을 때' 등 여러 가지가 있을 것이다. 그리고 이처럼 당신에게 가장 소중한 승리의 순간은 다른 누구도 아닌 바로 자신이 원한 것이었다는 사실을 기억하라.

이제 다음 질문에 대답해보자.

- 그 일을 달성하기가 쉬웠는가, 아니면 어려웠는가?
- 그 일을 달성하기 위해 당신은 얼마나 노력해야 했는가?

- 그 일을 달성하기 위해 당신은 새로운 지식이나 기술을 익혀야 했는가?
- 그 일을 달성하기 위해 노력하는 동안, 당신은 초조하거나 신경이 날카로워진 적이 있는가?
- 그 일을 달성할 때까지 당신은 완전히 몰입되거나, 열정에 휩싸였는가?

나의 경우, 개인적으로 가장 주목할만한 성과를 낸 모든 일들은 예외 없이 가장 힘든 일들이었다. 너무나 어려웠고, 전력을 다해야 했으며, 새로운 지식과 기술을 익혀야 했고, 실패하면 어쩌나 하는 걱정에 휩싸여 지내기도 했다. 하지만 나는 당시 그 일에 너무나 집중해 있었기 때문에 그런 어려움들을 무던히 견딜 수 있었다. 지금껏 수많은 일들을 해왔고, 그 가운데는 별 노력을 들이지 않고도 성공한 경우도 많지만, 내가 이루어낸 가장 의미 있고 중대한 성과는 내가 가진 모든 노력을 기울여야 하는 일들에서 나왔다.

위에서 제기한 질문들을 나는 강연에 참석한 청중과 우리의 연구에 도움을 준 수만 명의 사람들에게 물어보았다. 그 결과, 다음과 같은 결론을 얻을 수 있었다. 대부분의 사람들이 달성했던 최고의 성과들은 모두 어려웠고, 엄청난 노력이 필요했으며, 새로운 기술이나 지식을 습득해야 했고, 신경을 곤두서게 했고, 동시에 흥분과 열정을 불러일으켰다. 내가 느꼈던 것처럼 말이다.

아마 당신도 자신이 이룬 탁월한 성과 뒤에는 엄청난 노력과 학습이 필요했다는 사실을 상기했을 것이다. 이제, 다음 질문에 답해 보라.

- 그 일을 성취했을 때 당신 스스로가 뿌듯하고 자랑스러웠는가?
- 만약 그렇다면, 그 감정이 일시적이었는가, 아니면 몇 달, 심지어 몇 년간 지속되었는가?
- 그 성과를 통해 당신은 무언가를 깨닫고 한 단계 성장한 기분이 들었는가?

그동안 수많은 사람들을 만나 확인하고 더욱 확신이 깊어지긴 했지만, 나는 이미 개인적인 경험을 통해서 인생에서 가장 의미 있는 일을 달성했을 때 자신이 매우 자랑스럽고 그런 감정이 이후 한동안 지속된다는 사실을 잘 알고 있다. 나는 모든 어려움을 무릅쓰고 하드 골을 달성했기 때문에, 인간으로서, 부모로서, 남편으로서, 그리고 CEO로서 한층 성장할 수 있었다. 나는 자신감과 자부심이 부쩍 커졌고, 더 강인해졌으며, 더 큰 경쟁력을 갖게 되었다. 내가 마라톤을 완주했다고 해서 올림픽에 출전할 수 있거나, 그래야 하는 것은 아니다. 하지만 마라톤은 계속해서 나의 자존감과 성취감을 상기시키며 또 다른 일을 도모하는 데 영향을 미칠 것이다. 그리고 비록 좋은 기록은 내지 못해도 평생을 함께할 동반자가 되어줄 것이다. 하드 골이란 이런 것이다. 우리가 수행했던 모든 연구 결과에서도, 또 내 질문에 답했던 사람들도 모두 같은 말을 한다.

"제가 힘들게 달성한 자랑스러운 성과들은 자신감과 자기 존중의 원천이 되었습니다. 얼마나 오래전 일인지는 상관없습니다. 그렇게 어려운 일을 달성했다는 사실이 저를 더 나은 사람으로 만들었으니까요."

우리 모두는 이전에 중요한 문제를 해결해본 경험이 있으며, 그것이 아무리 어려웠어도 기꺼이 해결하고자 했었다. 그런 경험 때문에 지금의 우리는 더 강해졌고, 더 현명해졌으며, 더 성장할 수 있었던 것이다. 하드 골을 설정하는 방법을 통해 앞으로 우리는 그동안 범접하지 못했던 어려운 목표들에 적극적으로 도전하고, 성취하여, 그를 통해 크게 성장하는 기쁨을 수없이 누리게 될 것이다.

## 당신에겐 아무리 어려운 목표라도 달성할 수 있는 잠재력이 있다

앞에서 이야기했던, 올림픽에 네 차례나 출전했다는 라일의 이야기를 기억하는가? 라일은 꽤 어린 나이였을 때부터 자신이 올림픽에 출전하게 되리라는 것을 이미 알고 있었다. 라일은 이렇게 말했다.

"제가 열다섯 살이었을 때, 국가대표팀이 저희 동네로 훈련을 왔습니다. 한 선수가 저에게 같이 스키를 타보고 싶은지 물어보더군요. 당연히 저는 그렇다고 대답했죠. 아마 그날은 훈련이 없는 날이었을 겁니다. 그래서 선수들은 스키를 천천히 탔는데, 당시 저는 그 사실을 몰랐어요. 그래서 이렇게 생각했습니다. '뭐야, 저 정도면 나도 하겠다. 선수들이랑 내가 다를 게 없잖아.' 저는 그 선수들보다 스키를 잘 타는 유명한 스키 선수가 되는 모습을 떠올렸습니다. 제가 그린 제 모습은 점점 더 커지더니 결국은 상상할 수 없을 만큼 거대해졌습니다. 그날 밤 집으로 돌아온 저는 올림픽에 출전하겠다는 목표를 세웠습니다."

결국 라일은 올림픽에 네 차례나 출전하며 자신의 목표를 달성했다.

많은 전문가들이 믿는 것처럼, 나 역시 우리 인간에게는 아직까지 발현되지 않은 엄청난 잠재력이 있다고 믿는다. 바로 이러한 이유 때문에 하드 골이 필요한 것이다. 왜냐하면 하드 골은 당신의 깊은 내면에 이미 존재하고 있는 위대한 가능성을 이끌어내기 위한 것이기 때문이다. 당신이 라일처럼 올림픽에 출전할 스키 선수나 억만장자, CEO, 슈퍼모델, 노벨상 수상자를 꿈꾸지 않더라도, 반드시 하드 골을 설정하고 달성하는 방법을 알아야 한다.

그 이유는 첫째, 성과를 내는 것은 대부분 그 성과를 바라는 욕구에서부터 출발하는데, 그런 욕구가 분명하지 않은 사람들이 많기 때문이다. 그들이 하드 골을 설정하는 법을 배우면 자신이 얼마나 많은 것을 하고 싶어 하고, 할 수 있는지 깨닫고 놀라게 될 것이다.

둘째, **하드 골**을 통해 당신은 현 재정 상태를 개선할 수 있고, 커리어를 향상시킬 수 있으며, 더 건강해질 수 있고, 더 현명해질 수 있기 때문이다. 당신은 자신도 모르던 내재된 가능성을 발견하고 최대한 발현할 수 있다.

사람들은 자신의 잠재력을 제대로 발휘하지 못하는 이유가 능력의 문제가 아니라 동기가 부족하기 때문이라는 것을 잘 모른다. 우리 모두에게는 아무리 어려운 목표라도 성취할 수 있는 잠재력이 있다. 만일 당신이 확실하게 동기를 부여할 수 있다면, 당신은 분명히 그 목표를 이룰 수 있다.

나는 우리의 삶이 마치 DNA에 의해 미리 결정된 것처럼 '유전자 탓'을 하며 숙명론적으로 말하는 사람을 볼 때마다 화가 난다. 그 말대로라면, 목표를 달성하려는 노력이 무슨 필요가 있는가? 또 "성공하고 안 하고는 다 운에 달렸어"라며, 힘들게 애쓰지 말고 그저 자신이 가진 것에 만족하고 감사해야 한다는 소리를 들을 때에도 마음이 불편하다.

내가 감사하는 것들은 그런 것이 아니다. 나는 토머스 제퍼슨 Thomas Jefferson, 에이브러햄 링컨, 존 F. 케네디, 마틴 루터 킹, 마하트마 간디 Mahatma Gandhi, 테레사 수녀 등과 같이, 소중하지만 어려운 목표를 달성하기 위해 안락한 생활을 기꺼이 포기했던 한 사람 한 사람에게 진심으로 감사한다.

'인간의 잠재력'에 대한 나의 주장을 증명하기 위해 당신에게 몇 가지 질문을 던져보려 한다.

우선, 당신과 함께 일하는 사람들을 떠올려보라. 만일 동료가 없다면, 당신과 정기적으로 교류하는 사람들을 떠올려도 좋다. 함께 자원봉사 활동을 하는 사람들이나, 자녀가 다니는 학교의 학부형이 될 수도 있다. 그 다음에는, 마음속으로 그 사람들을 '고성과자 high performer', '중간성과자 middle performer', '저성과자 low performer' 등 세 가지 범주로 분류하라.

'나와 함께 일하는 사람들은 모두 기가 막히게 일을 잘해요'라고 생각하는 사람이 있다면 다음 이야기를 참고하기 바란다.

당신이 속해 있는 팀이 아무리 우수하다고 해도, 모든 팀의 구성원들은 세 그룹으로 구분되기 마련이다. 1991, 1992, 1993, 1996, 1997, 1998년 전미 프로농구 챔피언십에서 우승을 거머쥐었던 시카고 불스 팀도 마찬가지였다. 시카고 불스에서 가장 뛰어난 선수는 누구일까? 농구에 문외한인 사람이라도 이 질문에 대한 대답이 마이클 조던이라는 사실은 알고 있을 것이다. 그럼, 마이클 조던 다음으로 우수했던 선수는 누구일까? 그 선수는 스카티 피펜 Scottie Pippen이다. 이 두 사람 모두 미국 역사상 최고의 선수들이기는 하나, 이들의 기량 차이는 현저하다.

그리고 분명히 시카고 불스 팀 내에도 중간 단계에 해당하는 선수들이 있지만, 이들의 이름을 언급하지는 않겠다. 내가 선수들의 이름을 전부 기억하지 못하기 때문이기도 하지만, 선수들의 이름

이 기억나지 않는 건, 실제로 나머지 선수들의 기량이 중간 정도에 지나지 않았다는 사실을 증명하는 추가적인 증거가 되기도 한다.

마지막으로 시카고 불스 팀 내에는 기량이 현저히 떨어지는 선수들도 있었는데, 이러한 선수들은 대부분 벤치에 앉아 있거나 교체되는 선수들이었다.

역사상 가장 훌륭한 프로농구팀의 선수들조차 '고성과자', '중간성과자', '저성과자'로 구분되었으며, 틀림없이 당신이 속한 팀의 구성원이나 직장 동료들도 마찬가지일 것이다.

이제 '고성과자', '중간성과자', '저성과자'의 의미를 이해했으니 다음으로 넘어가자.

먼저 '고성과자'의 특징을 몇 가지 적어보라. 만일 '고성과자'를 찾아내기가 어렵다면, 과거에 어려운 상황이 닥쳤을 때 누가 앞장서서 그 일을 해결했었는지 생각해보라. 마치 어린 시절 공놀이를 할 때 자기편을 뽑는 것처럼 당신이 누군가를 뽑았다면, 그 사람이 '고성과자'다.

다음에는 '저성과자'의 특징을 적어보라. 누군가가 당신에게 "왜 이 사람의 성과가 낮다고 생각하는지 설명하라"고 한다면 당신은 어떻게 대답할 것인가? 당신은 "그의 사고방식이 부정적이기 때문에", "그가 문제를 자주 일으키기 때문에", "그가 최선을 다하지 않고 위에서 시키는 일만 하기 때문에"라고 대답할 수 있다. 만일 '저성과자'로 누구를 지목해야 할지 잘 모르겠다면 어떤 사람때문에 마음의 상처를 가장 많이 입었는지 스스로에게 물어보는 것도 좋다. 그런 사람들은 감정적으로 당신을 힘들게 하고 당신의 생활을 엉망으로 만든다. 그런 사람들과 함께 있느니 차라리 혼자 있는 게 낫다는 생각이 들 정도다.

지금까지 많은 사람들에게 이처럼 '고성과자'와 '저성과자'의 특징을 적어보라고 했을 때, 그들은 대개 유사한 답을 했다.

그들이 '고성과자'의 특징으로 적은 것은 '항상 최선을 다한다', '문제를 찾아낼 뿐만 아니라 해결책도 제시한다', '다른 사람들에게 더 잘할 수 있는 방법을 가르쳐준다', '위기상황에서도 침착함을 유지한다', '긍정적이다', '변화를 수용한다', '늘 발전적인 방법을 모색한다' 등이었다.

반면, '저성과자'의 특징으로 적은 것은 '부정적', '자기중심적', '꾸물거리기', '험담하기', '호들갑', '문제 일으키기', '기본적인 업무만 수행한다', '해결책보다는 문제점만 제시한다', '먼저 자원하는 일이 없다', '상황을 바로잡기보다는 생색내기에 혈안이 되어 있다', '핑계를 대거나 다른 사람을 탓한다', '피드백을 받을 때 초조해한다' 등이었다.

이를 통해 알 수 있듯이, 고성과자와 저성과자는 지능이 아니라 사고방식과 자세에서 확연하게 구분된다. 높은 성과와 낮은 성과를 구분하는 요인에 대해서 정말로 곰곰이 생각해본다면, "그들이 성과를 내지 못하는 것은 능력이 부족하기 때문이야"라고 말하는 일은 더 이상 없을 것이다. "성과가 뛰어난 사람들은 더 똑똑하지"라는 말도 마찬가지다. 사실, 당신과 함께 일하는 우수한 사람들

중 몇몇의 지능지수는 업무 성과가 떨어지는 사람들보다 분명히 더 낮을 것이다. 믿기지 않겠지만, 국제 체스 마스터들 중에는 평균 지능지수보다 낮은 선수들도 있다고 한다.

당신의 팀을 성공적으로 이끈 사람들이 반드시 다른 사람들보다 더 똑똑한 것은 아니다. 그리고 업무에서 종종 실수를 하고, 당신을 힘들게 하는 동료라고 해서 지능지수가 떨어지는 것도 아니다. 골칫덩어리이기는 하지만 바보는 아니라는 소리다. 천부적인 재능은 성공의 필수 요건이 아니다. 재능보다는 열망, 용기, 근면, 어려운 시련에 굴하지 않는 부단한 노력이 더욱 중요한 요인이 된다.

플로리다 주립대학의 K. 앤더스 에릭슨K. Anders Ericsson 교수는 '사람들이 무언가를 달성하기 위해서는 천부적인 재능이 반드시 필요하다' 는 주장을 최초로 반박한 사람이다. 그는 이렇게 말했다.

"지금까지 사람들은 비슷한 경험을 한 사람들 사이에 차이가 생기는 것은 타고난 재능 때문이라고 주장해왔습니다. 하지만 이 주장을 뒷받침할 수 있는 증거는 아무것도 없습니다. 몇몇 스포츠 경기에서는 예외가 있겠지만, 한 개인이 특별한 수준에 도달하지 못하는 이유는 지능이나 신체적 특징 때문이 아닙니다."[1]

〈포춘〉의 편집장 제오프 콜빈Geoff Colvin은 에릭슨과 다른 연구자들이 주장했던 내용 중 핵심적인 사항만 선별하여 《월드 클래스 퍼포머들은 어떻게 다른가talent is overrated》라는 책에 상세하게 기술했다.[2] 이 책에서 콜빈은 재능이 부족한 사람은 위대한 성과를 이루어낼 수 없다는 주장이 논리적으로 전혀 타당하지 않음을 입증했다.

콜빈은 1992년의 한 연구를 인용했는데, 이 연구는 257명의 음악 아카데미 학생들을 악기, 나이, 성별, 수입 등으로 분류하여 분석한 것이다. 연구진은 실험에 참여한 학생들에게 언제 처음 음악을 시작했는지, 얼마나 연습을 했는지, 음악적 기량을 구분해놓은 9단계 중 어느 단계까지 도달했는지 물었다. 이 연구에서 얻어낸 가장 중요한 결과는 타고난 재능과 음악적 기량 사이에 상관관계가 있다는 근거는 아무것도 없다는 것이었다. 그리고 가장 높은 단계의 학생들이 하루에 두 시간씩 연습하는 반면, 가장 낮은 단계 학생들의 하루 연습 시간은 고작 15분에 불과했다는 것이었다.

콜빈은 가장 높은 단계의 학생들의 경우, 18세가 될 때까지 계속해서 연습 시간을 늘려왔다는 사실에 주목했다. 그들의 연습 시간이 총 7,000시간 이상이었던 데 반해, 평균 수준에 있었던 학생들의 연습 시간은 5,000시간이었고, 가장 낮은 단계 학생들의 연습 시간은 고작 3,400시간에 불과했다.

이 연구뿐 아니라 다른 많은 연구에서도 재능과 기량 사이에 관계가 있음을 입증하지는 못한다. 반면, 큰 성공을 거둔 사람들은 더 많은 동기를 느꼈고, 더욱 열심히 노력했으며, 더 큰 시련이 찾아와도 맞서 싸우며 자신의 목표에 전념했다는 사실을 보여주는 사례들은 너무나도 많다.

타이거 우즈Tiger Woods나 모차르트가 신비로운 재능을 가지고 이 땅에 태어난 것은 아니다. 사실 이 두 사람에게는 자식을 가르치기 위해서 많은 시간을 투자하고, 엄격하게 훈육하면서, 무서울 정도로 철저하게 근면성을 심어준 아버지가 있었다. 결국 태도가 재능을 만든다. 아무리 타고난 재능이 뛰어나도 태도가 불성실하다면 절대로 큰 성과를 이루지 못한다.

결론적으로 말하면, 아무리 어려운 목표라도 당신이 꼭 성취해내겠다는 자세로 임한다면 실현할 수 있다. 이미 당신에게는 무슨 일이든 할 수 있는 잠재된 재능이 있다. 아직 그 재능을 이끌어내는 방법을 모를 뿐이다. 하지만 당신이 이 책을 다 읽고 나면, 자신이 진심으로 이루길 원하는 하드 골을 성취하는 데 필요한 동기와 열정, 동력, 그 밖의 모든 것을 찾게 될 것이다.


## 얼마나 어려워야 어려운 걸까?


40여 년 전, 에드윈 로크Edwin Locke와 게리 래섬Gary Latham은 어려운 목표에 대해 연구했다. 4만 명 이상을 대상으로 한 이들의 연구는 어렵고 구체적인 목표를 설정하거나 지시받은 사람이 쉬운 목표를 설정하거나 '그냥 최선을 다하라' 는 메시지를 받은 사람보다 훨씬 뛰어난 성과를 달성한다는 사실을 입증했다.

로크와 래섬의 연구는 너무나 방대하여 이 책에 상세하게 기술할 수 없으므로, 그중 이 책의 주제와 가장 관련이 깊은 연구를 하나 소개하려 한다. 그들은 실험 참가자들에게 수학 문제를 두 시간

안에 풀도록 요구했다. 한 그룹의 참가자들에게는 "최선을 다하라" 또는 "될 수 있는 대로 많은 문제를 풀어라"라고 말했다. 또 다른 참가자들에게는 상대 그룹을 이길 수 있는 구체적인 점수를 명시한 '어려운 목표'를 제시했다.

연구 결과, '어려운 목표'를 제시받은 그룹이 '최선을 다하라'는 이야기를 들은 그룹보다 20퍼센트 이상 높은 점수를 얻었다. 당신이 사람들에게 "일단 해봐"라고 말하면, 사람들은 노력을 많이 하지도 않고, 최선을 다하지도 않는다. 하지만 그들을 '집중'하게 만드는 어려운 과제를 제시하여 도전의식을 북돋우면, 그들은 최선을 다해 열심히 노력하게 된다. 재미있는 사실은, '어려운 목표' 그룹은 실험 시작부터 흥분하지도 않았고, 경쟁심을 보이지도 않았으며, 실험이 끝날 때까지 전혀 지치지 않았다는 것이다. 이들은 실험에 착수해서 끝날 때까지 시종일관 집중하는 모습을 보였다. 특히 실험이 시작되고 약 90분이 지나면서부터 '최선을 다하라'고 지시받은 그룹에 비해 월등하게 집중도가 높았다.

또 다른 연구를 예로 들어보자. 래섬과 그의 연구진은 어려운 목표가 목재 운송 기사들의 업무 성과를 어떻게 향상시키는지 실험했다.[3] 다른 트럭과 마찬가지로 목재 운송 트럭도 가능한 한 적재 중량에 맞게 나무를 실어야 한다. 그렇게 하지 않을 경우, 시간과 연료, 차량이 더 많이 소요되기 때문이다. 하지만 적재 중량에 딱 맞게 나무를 싣는다는 것은 그렇게 쉬운 일이 아니다. 왜냐하면 거대한 나무들은 크기가 모두 제각각이라 무게를 가늠하기도 쉽지 않고, 나무 크기도 트럭에 맞추어야 하는 등 어려운 점들이 많았기 때문이다.

이 연구에서도 래섬은 실험 대상자를 두 그룹으로 분류해 다른 목표를 제시했다. 우선 '최선을 다하라' 고 지시받은 기사들은 벌목한 나무를 적재 중량의 60퍼센트까지 트럭에 실었다. 불필요하게 사용된 공간이 상당히 많았다. 하지만 이보다 훨씬 명확하고 어려운 목표인 '최소한 적재 중량의 94퍼센트까지 적재하라' 는 지시를 받은 트럭 기사들은 정말로 그렇게 해냈다. 이 간단한 연구로 해당 기업은 약 25만 달러를 절약할 수 있었다.

현재 어떤 상황에 처해 있는지와 상관없이 어려운 목표 설정은 훌륭한 성과를 가져온다. 심지어, 재활 병원에서 뇌손상을 입은 환자들을 대상으로 실험을 했을 때도 어려운 목표가 더 나은 성과를 가져왔다.[4] 연구진은 환자들에게 세 가지 유형의 수학 문제를 연속으로 풀게 한 뒤, 환자들을 두 그룹으로 구분했다. 그리고 '어려운 목표' 그룹에게는 "방금 세 가지 유형의 문제를 풀어보았는데, 당신은 한 가지 유형당 열 문제를 정확히 맞혔다. 지금부터는 그보다 20퍼센트 더 많이 맞혀라"라고 말하고, 다른 그룹에게는 "지금까지 했던 것처럼 최선을 다해서 문제를 풀어달라"고만 언급했다. 놀랍게도 다음 문제를 제시했을 때, '어려운 목표' 그룹 중 연구진의 요구를 정확하게 달성한 환자는 31퍼센트에 달했다. 그러나 '최선을 다하라' 그룹에서 자신의 능력을 20퍼센트 향상시킨 환자들은 9퍼센트도 안 됐다.

위에서 이야기한 사례들처럼 목표를 어렵게 설정하면 성과를 향상시킬 수 있다. 당신이 회사를 키우려 하든, 체중을 감량하고 있든, 올림픽을 대비해 훈련을 하든, 담배를 끊으려고 노력하고 있든, 경력을 쌓고 있든, 나무를 트럭에 적재하고 있든, 수학 문제를 풀고 있든, 뇌를 다쳐서 재활치료를 받고 있든, 목표를 어렵게 설정하면 할수록 당신은 훨씬 우수한 성과를 거두게 될 것이다.

## 왜 어려운 목표가 성공을 이끄는가?

어려운 목표는 우리의 주의를 끈다. 흥미를 불러일으키거나, 긴장하게 하거나, 판에 박힌 일상생활에서 벗어나게 하거나, 그 이유가 어떻든 간에 어려운 목표는 우리의 두뇌를 살아나게 한다. 미국의 분자생물학자 존 메디나는 이렇게 말한다.

"주어진 자극에 뇌가 주의를 기울이면 기울일수록, 정보들은 더욱 정교하게 부호화되어 남는다."[5]

당신의 두뇌가 하루 종일 이런저런 요청의 융단폭격을 받는다는 것을 생각해보면, 어려운 목표의 필요성은 더욱 절실해진다. 예를 들어, 당신이 이 책을 읽는 도중에 이메일이 들어오고, 친구에게서 문자 메시지가 날아오고, 상사가 사무실로 들어오고, 아이가 전화해 배가 고프다며 투정을 부린다고 가정해보자. 이 모든 일들이 동시에 일어나면, 당신의 머릿속에 떠돌아다니는 여러 가지 생각들은 뇌의 관심을 획득하기 위해서 서로 경쟁한다. 이것은 마치 컴퓨터에 너무 많은 프로그램을 실행해놓은 상황과 비슷하다. 프로그램들은 컴퓨터 리소스가 부족하다고 판단하고 일제히 속도를 늦춘다. 하지만 당신이 어려운 목표를 설정했을 경우, 어려운 목표는 당신의 두뇌 리소스가 부족하다고 판단하고 덜 중요한 목표들을 모조리 몰아낸다. 이는 컴퓨터 바탕화면에 깔린 프로그램들을 종료하는 것과 같다. 그리고 두뇌의 힘이 한 곳에 집중되면 더 나은 성과를 거두게 된다.

그러나 어려운 목표가 비단 두뇌 리소스에만 영향을 미치는 것은 아니다. 어려운 목표는 우리의 감정에도 영향을 미친다. 리더십 아이큐에서는 직장에서 어려운 목표를 제시했을 때 사람들의 감정이 어떻게 변하는지 알아보기 위해 4,000여 명의 직장인을 대상으로 설문조사를 실시했다. 연구진은 주어진 문장들에 각각 점수를 매겨보게 했다.

- 올 한 해, 나는 나에게 부여된 목표를 달성하기 위해 더 많이 노력해야만 한다.
- 올 한 해, 나는 나에게 부여된 목표를 달성하기 위해 새로운 지식이나 기술을 익혀야 한다.

위의 문장에 높은 점수를 준 사람들은 대부분 다음 문장에도 높은 점수를 주었다.

- 나는 나 자신이 성과가 뛰어난 사람이라고 생각한다.
- 내가 한 일은 사람들의 생활에 영향을 미친다.

이러한 설문조사를 통해 우리는 다음과 같은 결론을 내릴 수 있었다. 사람들에게 별도의 학습과 노력이 요구되는 어려운 목표를 제시했을 때, 사람들은 자기 자신을 성과가 뛰어난 사람이라고 생각하며 자신이 한 일을 중요하게 여긴다는 것이다.

이유가 뭘까? 어려운 목표는 자신감을 심어준다. 바보에게 어려운 목표를 맡기는 사람은 없다. 당신이 누군가에게 어려운 목표를 맡겨야 한다면, 아마 과거에 어려운 목표를 달성해본 경험이 있는 사람을 찾게 될 것이다. 이를 반대로 생각하면, 당신의 상사가 당신에게 어려운 목표를 맡겼다는 것은 당신이 그 목표를 달성할 수 있을 것이라고 확신하고 있다는 뜻이라고 봐도 좋다. 상사는 말하지 않았지만 아마 이런 마음이었을 것이다.

"나는 자네를 믿네. 이 일에 적합한 사람은 자네밖에 없네."

어려운 목표가 자신감을 심어준다는 사실은 경영뿐만 아니라 육아에도 똑같이 적용된다. 아마도 당신은 자녀를 많이 둔 부모가 유독 한 아이에게만 엄하게 대하고, 다른 아이들은 너그럽게 눈감아주는 경우를 많이 보았을 것이다. 다른 아이보다 더 강하게 키운 아이는 그 당시에는 불만이 많지만, 결국 성과가 뛰어난 사람으로 성장하여 오히려 부모에게 감사한 마음을 느끼게 된다. 애지중지 키운 아이는 몇 년 동안은 쉽고 편안한 길을 가지만, 성장해서는 이루는 것도 별로 없고 독립심도 떨어진다. 그리고 종종 이런 생각을 하게 된다. '왜 우리 부모님은 내가 그런 일을 할 수 있을 거라고는 생각하지 않았지?'

그리고 어려운 목표는 당신이 하는 일이 중요하다는 메시지를 전해준다. 쓸데없는 일을 위해 시간과 에너지를 낭비하며 어려운 목표를 세우는 사람은 아무도 없다. 이를테면, 다음과 같은 소리를 들을 일은 없을 것이다.

"자네는 우리가 제출하는 보고서를 아무도 읽지 않는다는 사실을 알고 있나? 왜냐하면 100년 전에 살던 사람이 주판알이나 튕겨가며 계산한 것 같은 자료로 작성하기 때문이지. 내가 어떤 보고서를 원하는지 알겠나? 어서 팀원들을 모아서 말도 안 되는 이 보고서를 마무리하게. 보통 20분 정도 걸리지만 10분 안에 해내게. 겨우 유치원 수준밖에 안 되는 산수랑 데이터 입력이지 않나. 어서 시작하게!"

제발 이러지 말았으면 한다. 하지만 여전히 많은 기업들이 고도의 집중력과 노력하는 자세는 요구하지 않은 채 말도 안 되는 목표를 수립하고 있다. 깊이 생각하지 않고 목표를 설정하기 때문에 그런 어처구니없는 목표가 만들어지는 것이다.

앞서 우리가 했던 설문조사에서 주목할만한 결과가 또 하나 있었다. 어려운 목표를 수립하는 상사를 둔 직원일수록 다음 문장에 훨씬 높은 점수를 부여했다.

- 나는 다른 사람들에게 근무하기 가장 좋은 회사로 우리 회사를 추천한다.
- 나는 다른 사람들에게 함께 일하기 가장 좋은 사람으로 내 상사를 추천한다.

이 결과는 이렇게 해석할 수 있다. 만일 당신의 상사가 어떤 목표를 설정해야 직원들의 성과를 최대한 끌어낼 수 있는지 충분히 생각하고 있다면, 목표 설정과 관련해 당신과 이야기를 나눌 것이고, 이는 분명 당신에게 관심을 두고 있다는 확실한 증거가 된다. 그러한 관심은 직원들을 더욱 노력하게 만들 뿐만 아니라 진심 어린 애사심까지 끌어낼 수 있다.

지금까지 당신을 가르쳤던 선생님들 중에서 누가 가장 훌륭한 분이었다고 생각하는가? 그 선생님은 분명 당신에게 관심이 많고 기대치가 높아서, 당신이 최선을 다할 수 있도록 북돋아준 분일 것이다.

나는 꽤 험난한 인생을 살아왔던 한 여성을 기억한다. 폭력적이고 혼란스러운 가정에서 자랐지만, 그녀는 노래와 기도에 의지해서 고등학교를 졸업할 수 있었다. 그 후 사업에 성공했지만, 살면서 만날 수 있는 나쁜 사람은 거의 모두 만났고, 문제라는 문제에는 전부 말려들었다. 그러던 어느 날, 그녀는 한 지역대학 강의실에서 운명의 선생님을 만났다. 그 선생님은 그녀의 능력과 가능성을 높이 평가했다. 선생님의 기대와 격려는 그녀가 인생을 새롭게 시작하는 데 큰 힘이 되었으며, 그녀는 결국 삶의 가치를 깨닫게 되었다. 그녀는 내게 이렇게 말했다.

"저는 종종 선생님께 엽서를 보냅니다. 그리고 이렇게 말하죠. '선생님, 저 좀 봐주세요. 제가 이런 일들을 하고 있어요. 저를 이렇게 만들어주셔서 진심으로 감사해요' 라고요."

감동적인 이야기다. 하지만 이런 훌륭한 선생님은 강의실에만 있는 것이 아니다. 당신이 조금만 주의를 기울여 살펴보면 훌륭한 선생님은 어느 곳에나 존재한다. 때로는 당신 자신이 당신에게 최고의 선생님이 될 수도 있다.

## 학습목표 vs 성과목표

무엇을 어떻게 해야 하는지 제대로 모르는 상황에서 어려운 목표를 설정하는 경우, 주의해야 할 것이 있다. 당신이 지금까지 피아노를 한 번도 쳐본 적이 없다고 가정해보자. 그런 당신에게 내가 베토벤의 '엘리제를 위하여' 를 연주하라는 목표를 부여했다고 하자. 목표를 받게 된 당신은 아마 어떻게 해야 할지 몰라 한동안 악보만 쳐다보다가, 열심히 음표를 외워서, 그럭저럭 한두 마디 정도 연주를 하기 시작할 것이다. 하지만 당신은 손가락도 제대로 움직이지 못하고, 연주는 엉망이 되어버릴 것이다. 설령 몇 소절은 연주할 수 있을지 모르지만, 장기적으로 봤을 때 당신의 피아노 연주

실력을 키우는 데는 전혀 도움이 되지 않을 것이다. 피아노를 어떻게 치는지도 모르는 상태에서 어려운 곡을 연주하라는 목표를 제시받았기 때문에, 끔찍한 습관이 될지도 모를 형편없는 연주 기법으로 피아노를 치기 때문이다.

만일 당신이 골프를 치지 않는 사람인데 내가 100타를 치라는 목표를 제시했다면, 당신은 가장 비싼 골프채를 구입하고, 모든 스윙 기법을 시도하며, 골프 관련 잡지는 모두 구독할 것이다. 십중팔구 당신은 100타를 칠 수 없을 것이며, 머리는 아래로 향하게 하고 백스윙은 천천히 해야 한다는 기본자세조차 습득하지 못할 것이다. 어린 시절 내게 처음 골프를 가르쳐주었던 선생님이 했던 말을 나는 분명하게 기억하고 있다. 선생님은 5번 아이언을 마스터할 때까지는 고급 골프채를 구입하지 말라고 했다. 그러나 100타 이상 치는 골퍼들은 좋은 골프채가 있으면 실력도 더 향상될 것이라는 생각에 장비 구입부터 서두른다. 이는 골프 스윙의 기본 기술을 엉망으로 만들고, 앞으로 더 잘 칠 수 있을 것이라는 기대를 무너뜨리는 행동이다.

지금까지 살펴본 피아노와 골프의 사례에서, 실패로 돌아갈 수밖에 없었던 요인은 어려운 목표를 설정해서가 아니라 성과목표를 설정했기 때문이었다. 성과목표란, '골프 100타 치기'나 '엘리제를 위하여 연주하기' 등 원하는 결과에만 초점을 맞춘 목표를 말한다. 반대로, 학습목표란 골프 100타 치기에 관심을 두지 않고 필수적인 기본자세 습득을 더욱 중요하게 생각하는 목표를 말한다.

이렇게 했을 때 결국 당신은 100타를 치게 된다.

만일 당신이 지금 하고 있는 일을 어느 정도 이해하는 상황이라면, 예를 들어 당신이 악보를 읽을 수 있거나, 드라이브와 3번 우드 골프채의 차이점을 구별할 수 있다면, 비록 앞으로 많은 것들을 배워야 하겠지만 성과목표를 실행할 준비는 되어 있다고 볼 수 있다. 그렇기 때문에 성과목표만 잘 계획한다면 많은 것들을 배울 수 있다.

하지만 정말로 처음부터 시작하는 상태라면, 또 어떤 식으로 과제를 해결해야 할지 방법조차 모르는 상태라면, 성과목표는 역효과를 낳는다. 예를 들어 내가 당신에게 미분방정식을 풀게 했는데 당신 귀에 들리는 소리라곤 '웅~~' 하는 소리밖에 없다면, 성과목표보다 학습목표가 훨씬 적합하다. 운전하는 방법도 모르는데 차를 살 생각부터 하는 것은 어불성설이다. 이런 상황이라면 당신은 학습목표로 시작해야 한다.

첫 단계부터 시작하는 경우에는 어려운 성과목표가 아닌 어려운 학습목표를 설정해서 조금씩 무언가를 배워가야 한다. 만일 당신이 골프나 피아노를 어떻게 치는지 모르는 상태라면, "100타를 꼭 칠 거야" 또는 "쇼팽을 연주해야지"라고 말해서는 안 된다. 이러한 생각은 성과목표에 해당하는 것이며, 목표 달성 전략이 하나도 없는 경우에는 아무런 도움도 되지 않는다. 이럴 때는 다음과 같이 해보는 것이 좋다.

"나는 백스윙, 머리를 아래로 향하게 하는 법, 몸의 중심을 유지하는 법을 완전히 익힐 거야. 그리고 연습 때마다 100번씩 반복하면서 각각의 자세를 분석하고 바로잡겠어."

이러한 결심은 어려운 학습목표이다. 당신이 어려운 학습목표를 설정하고 달성하다 보면 결국 어려운 성과목표도 달성할 수 있게 될 것이다.

성과목표와 마찬가지로 학습목표 역시 어느 모로 보나 어렵다는 사실을 잊어서는 안 된다. 최고 수준의 실력을 갖춘 바이올린 연주 학생들의 총 연습 시간이 7,000시간 이상인 데 반해, 보통 수준의 학생들은 약 5,000시간, 가장 낮은 수준의 학생들은 겨우 3,400시간이었다고 했던 연구 결과를 기억하는가? 최고 수준에 있었던 학생들은 바이올린을 처음 배울 때 성과목표가 아닌 학습목표를 달성하면서 대부분의 연습 시간을 보냈다. 그리고 자발적으로 훨씬 어려운 학습목표를 설정했다. 결국 연습 시간이 많아질수록 훨씬 뛰어난 성과를 얻을 수 있었던 것이다.

## 당신의 목표 테스트하기

그렇다면 우리는 얼마나 어렵게 목표를 설정해야 할까? 이 문제에 대답하기 위해서 해야 할 일이 두 가지 있다. 첫째, 당신이 전에 설정한 목표가 얼마나 어렵게 설정되었는지를 평가해야 한다. 둘째, 그 목표를 조금 더 어렵게 하거나 쉽게 하는 방식으로 최적의 어려운 상태를 찾아야 한다.

먼저, 당신이 일반적으로 목표를 너무 쉽게 설정하는 편인지, 너무 어렵게 설정하는 편인지 판단해봐야 한다. 당신이 최근에 설정했거나 시도하려고 했던 목표들을 떠올려보라. 그리고 그 목표들이 어떤 식으로 끝을 맺었는지 살펴보라.

내 경우를 예로 들자면, 나는 몇 년 전 달리기와 관련해서 목표를 세 번 설정했었다. 첫 번째 목표에서는 5킬로미터를 달리는 것이 목표였는데, 실제로는 10킬로미터를 달렸다. 두 번째 목표에서는 10킬로미터를 달리는 것이 목표였는데, 15킬로미터를 달렸다. 그리고 세 번째 목표에서는 10킬로미터를 달리는 것이 목표였는데, 목표대로 10킬로미터를 달렸고, 힘들게 노력하지 않았는데도 최고 기록을 달성했다. 이렇게 예전 기억을 더듬어봤을 때, 확실히 나는 언제나 목표를 낮게 설정하는 사람이었다.

만약 내가 회사에서 목표를 설정할 때 이런 식으로 한다면, 해마다 나는 우리 회사가 30퍼센트 성장하는데도 계속 20퍼센트 성장을 목표로 할 것이다. 이는 체중 감량이나 저축 목표를 세울 때도 마찬가지다.

의도했든 의도하지 않았든 목표를 낮게 설정하는 사람이 상당히 많은데, 그들은 자신의 능력보다 못한 수준의 목표를 설정하기 때문에, 조금 나태해도 어쨌든 목표를 달성하게 된다. 하지만 이는 자신이 할 수 있는 최선이 아니다.

당신이 얼마나 목표를 낮게 책정하는지는 과거 데이터를 통해 대략적으로 추정할 수 있다. 만일 당신이 그해 회사의 성장률을 20퍼센트라고 생각했는데 실제 성장률은 30퍼센트였고 이런 현상이 꽤 자주 일어난다면, 이는 목표를 낮게 책정한 결과이기 때문에, 실제 성장률을 제대로 반영하기 위해서는 목표 수준을 50퍼센트까지 높여야 한다.

목표를 지나치게 높게 설정하는 경우도 마찬가지다. 만일 당신이 10킬로미터를 달릴 수 있을 것이라고 생각했는데 실제로는 5킬로미터를 달렸다거나, 연봉에서 12퍼센트를 저축할 수 있을 것이라고 생각했는데 실제로는 6퍼센트밖에 저축하지 못하는 등 언제나 목표를 지나치게 높게 설정한다면, 목표 수준을 50퍼센트까지 낮춰야 현실에 더욱 가까운 목표를 만들 수 있다.

핵심은 가능한 한 '알맞은 목표'를 설정하는 것이다. 상황을 정확하게 파악하지 않고 목표에 착수할 경우 체계적으로 수행할 수 없기 때문이다. 만일 내가 육상 코치이고 당신을 세계적인 선수로 키워야 한다면, 실제로 당신이 얼마나 빠른지 정확하게 알아야 적절한 훈련을 계획할 수 있다. 당신이 "1.5킬로미터를 5분에 뛸 수 있습니다"라고 말했을 때, 내가 그 말만 믿고 제대로 확인하지 않은 채 그 수준으로 훈련 계획을 잡는다면, 당신이 1.5킬로미터를 4분대로 뛸 수 있다는 사실이 밝혀질 때까지 그 이상의 훈련을 진행하지 않을 것이다. 이렇게 현실을 정확하게 파악하지 않은 상황은 비일비재하며, 그중 가장 대표적인 사례로 업무 프로세스(예산, 주문 처리, 일정 등)를 들 수 있다. 당신은 "목표는 낮게, 실천은 그 이상으로 *underpromise and overdeliver* "라는 말을 알고 있는가? 이 문구는 얼핏 그럴듯해 보이지만, 그저 목표를 낮게 설정하라는 말을 하고 있을 뿐이다. 게다가 이는 달성하기가 죽을 만큼 힘이 들더라도 훨씬 체계적인 목표를 설정해서 추구할 수 있는 능력을 저해한다.

우리가 '알맞은 목표'를 알아보기 위해 자신에게 질문할 것은 다음 두 가지이다.

"이 목표를 통해 나는 무엇을 배우게 될 것인가?"

"나는 이 목표를 어떻게 느끼고 있는가?"

먼저, "이 목표를 통해 나는 무엇을 배우게 될 것인가?"라는 질문은 다음과 같이 구체적으로 심화될 수 있다.

"이 목표는 얼마나 나를 긴장시키는가?"

"이 목표를 달성하기 위해 나는 무엇을 공부하고 어떤 기술을 익혀야 하는가?"

성과목표를 달성하기 위해서는 많은 것을 배워야 한다. 마찬가지로 알맞게 어려운 목표, 즉 당신에게 가장 적당한 수준의 어려운 목표도 학습을 요구한다. 알맞게 어려운 목표는 당신의 뇌를 자극해서 신경세포를 활성화하고, 당신을 예민하게 만들어 당신의 감각을 눈뜨게 한다. 만일 당신이 아무것도 배우지 않고 수월하게 목표를 달성한다면, 그 목표는 충분히 어려운 목표가 아니다. 그렇다면 얼마나 배워야 충분히 배우는 걸까? 이 장 초반에 했던 '지금까지 이루었던 가장 의미 있고 중대한 성과는 무엇인가' 라는 질문을 다시 떠올려보고 그때의 성과를 기준으로 판단해보자. 분명히 당신은 이번 목표를 위해서도 그때만큼 많은 것들을 배워야 한다. 이를 달리 생각해보면, 최적의 어려운 목표란 해당 목표를 달성하면서 두 가지에서 네 가지 정도의 중요한 사항을 새롭게 배우게 되는 경우라고 할 수 있다.

그런데 당신이 설정한 목표에서 배우는 것도 없고 성장하는 것도 없다면 어떻게 해야 할까? 이는 당신의 목표를 30퍼센트 더 어렵게 만들어야 한다는 의미가 된다. 목표를 30퍼센트 더 어렵게 만들면 우리의 뇌는 자극을 받고 신경세포들은 활성화되기 시작한다. 만약 이보다 더 어려운 목표를 원한다면, 어려운 수준을 한 번더 30퍼센트 높여라. 하지만 당신 마음대로 3~4회까지 높여서는 안 된다. 왜냐하면 순식간에 가장 최적의 어려운 상태에서 완전히 불가능한 상태로 변하기 때문이다.

케빈 앤드류스Kevin Andrews는 소프트웨어 개발업체인 스마트벤 SmartBen의 대표다. 스마트벤은 기업 관리자와 직원들에게 유용한 최첨단 플랫폼을 구축했다. 쉽게 말해서, 일반적으로 인사팀에서만 직원 관련 자료를 알고 있었다면, 스마트벤은 모든 직원들이 자신의 급여나 상여금, 퇴직연금 등을 직접 열람하거나 관리할 수 있는 웹 기반 플랫폼을 개발한 것이다. 하지만 이러한 성과 때문에 케빈과 그의 동료들이 주목받게 된 것은 아니다. 그들이 주목받게 된 것은 엄청난 성공을 거두었을 때 그들에게 일어났던 일때문이다.

스마트벤은 지금도 승승장구하는 수익성 높은 기업이며, '포춘

500대 기업' 같은 쟁쟁한 고객 명단을 갖추고 있지만, 업계에 뛰어든 후 몇 년이 지났을 무렵, 스마트벤의 경영진들은 처음 사업을 시작했을 때와 같은 전율을 느끼지 못했다. 케빈은 이렇게 말했다.

"우리가 침체되어 있다는 느낌이 들었습니다. 회사는 재정적으로도 크게 성공했고, 고객들도 만족스러워했죠. 하지만 우리는 신이 나지 않았습니다. 저는 아무런 열정도 없이 회사로 출근했다가 집으로 퇴근을 했죠. 업무에는 별로 관심도 없었어요."

그러던 어느 날, 케빈은 비행기를 탔고, 먼저 탑승했던 승객이 앞좌석 주머니에 꽂아놓고 내린 과학 잡지를 보게 되었다. 그 잡지는 인공지능을 다루고 있었고, 생각하면서 말하는 컴퓨터에 관한 기사가 실려 있었다. 잡지를 펼치자마자 케빈의 과학적인 두뇌가 깨어났고, 케빈은 그 자리에서 얼어붙고 말았다. 그는 자신이 해야 할 일이 무엇인지 정확하게 깨달았다. 그는 이렇게 말했다.

"해답은 너무나 분명했습니다. 제가 공부를 안 하고 있더라고요. 회사가 너무나 성장한 나머지 무언가를 배워야겠다는 생각을 안 하게 된 겁니다."

결국 그는 그의 두뇌를 자극했던 최첨단 인공지능 과학 기술을 활용해야겠다는 아이디어를 냈고, 그때까지 인사 관리 분야에서 볼 수 없었던 가장 뛰어난 소프트웨어를 개발하게 되었다.

직원들이 직접 자신의 건강보험을 비롯한 모든 사항을 관리할 수 있는 기술은 그 전에도 많이 있었지만, 그 어떤 기술도 컴퓨터 화면에 디지털 인간이 나타나 직접 말을 건네는 프로그램을 개발한 스마트벤의 기술을 따라오지는 못한다.

스마트벤의 디지털 인간은 '벤 에이아이Ben AI'라고 하며, 직원들의 상여금, 퇴직연금, 급여 경력 등 모든 사항을 분석해서 더 나은 추천을 해줄 수 있도록 인공지능으로 프로그래밍되어 있다. '벤 에이아이'는 직원 한 명 한 명의 얼굴을 바라보면서, 더 효율적으로 은퇴 자금을 저축할 수 있는 방법과 매월 받게 되는 급여의 정확한 금액을 알려준다. 그리고 만일 직원들이 이러한 결과를 수정하고 싶다면, 직원 각자의 상황을 적용하여 분석하는 인터페이스를 활용할 수도 있다. 예를 들어, 가족과 관련하여 특별한 조건이 있는 경우, 이를 충족해주는 가장 적합한 건강보험 계획을 골라준다. 이를 통해 직원들은 자신들에게 가장 적합한 계획을 선택할 수 있게 되었다. 스마트벤의 기술은 직원들을 더 행복하게 만들었고, 기업은 효과적으로 비용을 절감하게 되었다.

하지만 이렇게 놀라운 기술을 개발한다는 것은 쉽지 않은 일이었다. 케빈은 이렇게 말했다.

"우리는 어떻게 기획해서, 프로그램을 개발하고, 코드를 짜야 하는지 모든 부분을 재검토해야 했습니다. 전통적인 프로그래밍 방식에서 벗어나 공상과학 소설에서나 나오는 최첨단 기술로 바꿔야 했지요. 몇 년간 우리는 이 분야에 종사하는 그 누구보다도 고심하며 시간을 보냈습니다. 제 두뇌는 살아 있었습니다. 사업을 시작한 이후로 무언가를 하면서 이렇게 흥분되었던 적이 없었어요. 처음에 우리는 어떻게 해야 할지 몰라서 날마다 공부를 했습니다.

그 덕분에 지금은 이렇게 전문가가 되었고, 사람들이 우리를 찾아오게 만들었죠. 그리고 앞으로도 우리는 끊임없이 공부할 겁니다. 프로그램을 개발하려면 배우는 것을 중단해서도 안 되고, 계속해서 더 똑똑해져야 하니까요."

당신의 뇌 활동을 자극하기 위해 인공지능 프로그램을 개발할 필요까지는 없다. 그러나 당신은 끊임없이 무언가를 배울 수 있도록 당신 자신을 채찍질해서, 언제나 당신의 뇌가 생생하게 깨어 있는 상태를 유지해야만 한다.

두 번째 질문인 "나는 이 목표를 어떻게 느끼고 있는가?"에 대한 테스트는 다음의 간단한 질문으로 대치될 수 있다.

"이 목표는 나의 '컴포트 존'에서 어디쯤 위치하는가?"

아래 문장 중에서 당신의 답변에 해당하는 내용을 선택하라.


1. 나의 '컴포트 존' 안으로 완전히 들어와 있다.

   – "전혀 걱정 안 합니다. 이 일은 눈을 감고도 할 수 있습니다."

2. 나의 '컴포트 존' 안으로 꽤 들어와 있다.

   – "신경은 쓰이지만 흥분되지는 않습니다."

3. 나의 '컴포트 존'을 살짝 벗어나 있다.

   – "조금은 흥분되고 초조합니다."

4. 나의 '컴포트 존'을 벗어나 있다.

   – "바늘방석에 앉은 기분이고 무척 긴장됩니다."

5. 나의 '컴포트 존'에서 너무 멀리 벗어나 있다.

- "겁이 나서 아무 생각도 할 수 없습니다."

어떤 답을 선택할지는 상당히 주관적이면서도 개인적인 판단에 따라 결정되지만, 일반적으로 가장 효과적인 목표에 해당하는 것은 4번이다. 1번과 2번은 너무 쉽고, 5번은 너무 어렵다. 3번도 그럭저럭 괜찮지만, 가장 적합한 것은 4번이다.

만일 당신이 이번 장을 시작하면서 살펴봤던 문제를 다시 한 번 떠올려본다면, 당신 인생에서 최고로 의미 있었던 성과는 틀림없이 당신의 '컴포트 존' 밖에 있었다고 말할 것이다. 또한 처음 출발선에 섰을 때, 과연 그 일을 해낼 수 있을까 어느 정도 의심도 했었다고 말할 것이다. 이는 이런 의미로 볼 수 있다. 만일 당신이 설정한 목표가 충분히 할 수 있을 정도로 너무나 쉬운 것이라면, 그 목표는 중요한 목표가 될 수 없다. 그러나 당신의 목표가 지금까지 당신이 살아오면서 달성했던 몇 안 되는 중대한 성과를 낼 경우, 분명히 당신은 짜릿한 흥분이나 초조함을 느낄 것이다.

위의 질문에서 1번이나 2번을 선택했다면, 당신은 자신의 목표를 20퍼센트 더 어렵게 만들어야 한다. 또 5번을 선택했다면, 20퍼센트 쉽게 만들어야 한다. 만일 당신이 앞서 했었던 "이 목표는 얼마나 나를 긴장시키는가?"라는 질문에 적합한 목표를 설정했었다면, 지금은 수정을 그렇게 많이 하지 않아도 될 것이다. 다시 말해서, 일반적으로 30퍼센트 수정해야 할 것을 20퍼센트만 수정하면 된다는 뜻이다.

이런 테스트를 하는 가장 중요한 이유는 최적의 어려운 수준을 찾기 위해서다. 왜냐하면 목표를 너무 쉽게 만들면, 목표를 달성하는 데는 성공하겠지만 당신의 삶에 진정한 변화를 가져다줄 만큼 충분히 의미 있는 목표가 되지는 못하기 때문이다. 그리고 당신은 처음부터 끝까지 전혀 힘들이지 않고 목표를 추진해나가면서 권태로움을 느낄 것이다. 또, 목표를 너무 어렵게 만들면, 새해에 구입했던 헬스장 사용권처럼 결국은 포기한 목표로 폐기처분해버리기 쉽다.

## 왜 어려운 목표를 두려워하는가?

지금까지 목표 설정과 관련된 모든 사항을 살펴보았지만, 당신이 어려운 목표를 설정하거나 도전할 때 방해가 되는 가장 중요한 문제가 한 가지 남아 있다. 바로 두려움이다. 당신이 거미나 뱀, 높은 곳, 광장, 책임, 세균 등 무언가에 대하여 두려움을 느낀다면, 그 두려움을 극복하고자 노력하는 자신의 모습을 상상하는 것만으로도 소름이 끼칠 것이다. 왜냐하면 두려워하는 대상을 극복해야 하는 공포를 경험해야 하기 때문이다. 물론 당신의 어려운 목표가 이러한 두려움의 대상들만큼 위협적이지 않을 수 있지만, 일반적으로 사람들은 어려운 목표를 마주하게 되면 주저하거나 뒷걸음친다.

무엇이 어려운 목표를 이렇게도 두렵게 만드는 것일까? 바로 실패에 대한 두려움이다. 이론상으로는 목표가 어려워질수록 실패할 가능성도 높아진다. 하지만 지금까지 이 책에서 설명한 대로만 한다면 절대 실패하는 일은 발생하지 않는다. 어려운 목표는 당신에게 경각심을 불러일으켜 당신의 뇌를 자극하고, 당신을 '컴포트존'에서 멀어지게 하여 심리적으로 자극하기 때문에, 당신은 최고의 성과를 달성할 수 있다. 당신의 목표가 어려워질수록 당신은 훨씬 뛰어난 성과를 얻게 된다. 하지만 이 모든 사실에도 불구하고, 여전히 많은 사람들이 어려운 목표를 시도했다가 실패하면 어쩌나 하는 생각으로 두려워한다.

그렇다면 실패에 대한 두려움을 어떻게 극복할 수 있을까? 어떻게 하면 앞날에 대한 걱정이나 두려움, 조바심에서 벗어날 수 있을까? 방법은 간단하다. 우리의 사고방식을 바꿀 수 있는 간단한 과정을 거치기만 하면 된다. 1장 '진심 어린 목표'에서 우리는 뇌의 감성적인 부분을 이용했고, 2장 '생생한 목표'에서는 시각적인 부분을 이용했다. 이번 장에서는 뇌의 분석적이고 논리적인 부분을 활용할 것이다.

당신의 사고방식을 바꾸기 위한 첫 번째 단계로, "만일 이 목표를 달성하지 못한다면 나에게 무슨 일이 일어날까?"라는 질문을 스스로에게 해보자. 이 질문에 진심으로 대답하려면 당신 내면에 대한 깊은 성찰이 필요하다.

"목표를 달성하지 못했을 때 어떤 일이 일어날까 봐 가장 두려운가?"라는 질문을 했을 때 사람들은 이렇게 답했다.


- 사람들은 내가 무능하거나 나약해서 그 일을 해내지 못했다고 생각할 것이다.
- 나는 말만 그럴듯하게 하고 행동하지 않는 사람으로 비칠 것이다.
- 사람들은 나에게 실망할 것이다.
- 사람들은 다시는 나를 믿지 않을 것이다.
- 나는 나 자신을 두 번 다시 믿지 못할 것이다.
- 나는 부끄러워서 죽을 것 같다.
- 내가 이 일을 할 수 없다는 건 다른 어떤 일도 할 수 없다는 뜻이다.
- 이 목표를 달성하지 못한다면, 나는 내가 생각하는 것만큼 똑똑하지도, 재능이 있지도, 전문적이지도 않다는 의미가 된다.
- 이번 기회가 아니면 두 번 다시 기회가 오지 않을 것이다.
- 이 목표를 달성하지 못한다면, 나는 영원히 실패한 상태로 머물러 있을 것이다.


이런 말들에는 큰 문제점이 두 가지 있다. 우선, 실패할 경우 우리에게 발생할 일들을 묘사할 때 '두 번 다시, 영원히, 죽다'와 같은 단어들을 자주 사용한다는 것이다. 이러한 단어들은 상당히 격한 표현이며, 강한 두려움을 나타낸다. 또 "이번 목표를 달성하지 못한다면 부끄러워서 죽을 것 같아"라고 말하는 것은 현실적으로 생각해볼 때 상당히 과장된 표현이라고 볼 수 있다. 하지만 이런 말을 떠올리는 사람이 많다는 것은 우리가 실패를 얼마나 두려워 하는지 여실히 보여준다.

목표에 대한 두려움은 종종 그 도가 지나쳐서 실제로 우리를 죽 일지도 모른다는 생각으로까지 확장되기도 하는데, 때로는 우리에 게 상당히 유익한 두려움도 있다. 진화론적 관점에서 보면, 인류는 호랑이나 사자, 거미 등을 두려워했기 때문에 계속해서 생존할 수 있었다. 그러나 오늘날 날카로운 송곳니를 드러낸 실제 호랑이에 대한 위험은 거의 사라지고 없으며, 우리의 두려움은 대부분 상당 히 추상적인 대상이나 심지어 추측에 불과한 사실에 집중되어 있 다. 만일 당신이 날카로운 송곳니를 드러낸 호랑이로부터 도망치 겠다는 목표를 달성하지 못한다면, 분명히 당신은 몇 분 뒤에 죽을 것이다. 그러나 이번 달에 저축을 더 많이 하겠다는 목표를 달성하 지 못하더라도, 당신은 여전히 목숨을 부지하고 있을 것이다. 목표 달성에 실패한다고 해서 죽게 되는 일은 거의 발생하지 않는다.

당신은 부끄러워서 죽을 일도 없을뿐더러 부끄러워해야 할 이 유조차 없다. 당신은 '실패할 경우 일어날 수 있는 일들'을 언급한 목록이 실제로 입증된 사실이 아니라, 사람들 각자의 해석이나 가 정, 감정적으로 격앙된 추정, 비극으로 끝날 것이라는 섣부른 단 정, 어리석은 확신 등에 불과하다는 점에 주목해야 한다. 이러한 것들은 절대로 입증된 사실이 아니다.

당신의 사고방식을 바꾸기 위한 두 번째 단계에서 이를 증명해보자. 우리는 컴퓨터가 아닌 인간이기 때문에 "아, 부끄러워서 죽을 것 같다고 생각하는 건 바보 같은 짓이니까 앞으로는 그렇게 생각하지 말아야지"라고 생각한다고 바로 그렇게 되는 것은 아니다. 대신, 우리 머릿속에 들어 있는 이러한 부정적인 생각들을 철저히 분석해봐야 한다. 위에서 언급했던 문장들을 몇 개 살펴보자.

"만일 이 목표를 달성하지 못한다면, 나는 부끄러워서 죽을 것 같다"라는 문장을 예로 들어보자. 당신은 지금까지 살면서 목표 달성에 실패해서 심장마비를 일으킨 적이 있는가? 한 걸음 더 나아가, 당신이 부끄러움을 느끼긴 했어도 예상했던 것보다는 덜 부끄러웠던 경우가 있는가? 자, 당신이 아직도 살아 있고 지금 이 책을 읽고 있다는 사실을 미루어볼 때, 나는 당신이 '부끄러워서 죽을 것 같다' 라는 생각을 반박할 수 있는 증거를 적어도 한 가지는 발견했을 것이라고 추정한다. 사실, 이 문장은 반박하기 상당히 쉬운 사례에 해당한다. 이번에는 좀 더 어려운 문장으로 해보자.

"만일 이 목표를 달성하지 못한다면, 사람들은 내가 무능하거나 나약해서 그 일을 해내지 못했다고 생각할 것이다"라는 문장을 반박해보자. 반론을 위해서 다시 한 번 당신의 삶이나 다른 누군가의 삶을 살펴보자. 나의 경우, 무수히 많은 사례를 알고 있지만, 그 누구보다 훨씬 극적인 목표를 달성했던 랜스 암스트롱에 대해서 살펴보도록 하겠다. 랜스는 어려운 목표를 달성한 사람이다. 그는 서른여덟의 나이에 아이까지 있는 상황에서 사이클에 복귀했다. 이 책을 집필하고 있는 현재, 랜스의 가장 어려운 목표는 '투어 오브 캘리포니아Tour of California'에서 우승하는 것이다. 그러나 랜스는 사고를 당했고 승리할 승산이 없기 때문에 그의 어려운 목표는 실패할 가능성이 크다. 그렇다고 랜스가 무능하거나 나약한 사람이라고 생각할 사람이 있을까? 우리는 랜스를 포기하게 될까? 우리는 랜스가 다시는 아무것도 할 수 없을 것이라고 생각하게 될까? 당신은 랜스가 그렇게 믿고 있을 것이라고 생각하는가?

나는 랜스의 사례가 "만일 이 목표를 달성하지 못한다면, 사람들은 내가 무능하거나 나약해서 그 일을 해내지 못했다고 생각할 것이다"라는 생각을 반박하기에 상당히 좋은 증거라고 생각한다. 오히려 그의 인간성과 불굴의 의지를 보여줬기 때문에 랜스를 지지하는 팬들이 아마도 더 많아졌을 것이다. 과연 그를 응원하지 않을 사람이 있을까?

우리는 '실패할 경우 일어날 수 있는 일들'을 설명한 문장들을 하나씩 살펴보면서 그것들이 틀렸다는 사실을 제대로 밝혀내야 한다. 당신의 지금까지의 삶을 되돌아보면서 당신의 뇌의 분석적인 기능을 활용하라. 나는 만일 당신이 위의 문장들을 철저히 분석해본다면, 그 문장들은 사실이 아니며, 아무런 근거도 없다는 것을 분명히 깨닫게 될 것이라고 확신한다.

두 번째 단계를 모두 마쳤다면 이제 마지막 단계로 넘어가보자. 위의 문장들이 모두 틀렸다는 사실을 증명했으니, 이제는 그 문장들을 당신에게 용기를 북돋아주는 내용으로 바꿔 써보자. 이런 식으로 수정해보면 좋을 것이다.

- 이 목표를 달성하지 못하더라도, 사람들은 내가 무능하거나 나약하다고 생각하지 않을 것이다.
- 이 목표를 달성하지 못하더라도, 사람들은 여전히 나를 믿어 줄 것이다.
- 이 목표를 달성하지 못하더라도, 그것이 내게 다른 어려운 목표를 끌고 나갈 능력이 없다는 의미는 아니다.

지금까지 당신은 부정적으로 표현되었던 문장들이 모두 틀렸다는 사실을 입증했다. 따라서 당신에게 중요한 것은 상황을 제대로 인식하고 스스로에게 용기를 불어넣어 두려움을 없애는 것뿐이다. 어려운 목표에 도전한다는 것은 원하는 목표를 성공적으로 달성하기 위한 능력을 연마하는 과정일 뿐이므로, 실패에 대해 결코 두려워하지 말아야 한다. 그리고 당신이 단지 머릿속으로만 상상한 실패에 대한 두려움 때문에 제대로 용기를 내지 못하고 행동에 옮기지 못한다면, 당신은 자신의 삶과 운명을 통제할 힘도 잃는다는 것을 기억해야 한다.

# 당신의 하드 골 시작하기

당신의 목표가 하드 골일 때 당신은 훨씬 쉽게 목표를 수행할 수 있다. 당신이 관심을 두지 않는 목표, 즉 당신의 진심 어린 마음이 담겨 있지 않은 목표를 수행하려면 초인적인 힘을 발휘해야만 한다. 새해에 다짐했던 결심을 포기하는 사람들이 80퍼센트 이상이라는 충격적인 결과를 고려해볼 때, 하드 골이 아닌 목표는 반드시 실패하고 만다. 그리고 숫자로 표시한 목표나 냉장고 위에 붙여둔 상징적인 문구는 목표 달성에 전혀 도움이 되지 않는다.

반면, 당신의 목표가 당신의 뇌를 활성화하고, 당신의 마음에 절실하게 와 닿으며, 당신이 성장할 수 있도록 밀어붙이고, 당신의 존재 이유가 될 만큼 꼭 필요하다면, 당신은 그 목표를 반드시 달성하게 된다. 그리고 그렇게 된다면, 당신은 지구상에 존재하는 모든 어려움을 극복할 수 있다는 자신감을 얻게 될 것이다.

당신이 하드 골을 처음 실행하는 사람이라면, 이 책에서 이야기하는 내용을 행동으로 옮길 수 있는 간단한 기술을 한 가지 배워야한다. 나는 수년에 걸친 연구 끝에 어떠한 하드 골이라도 실행할수 있는 상당히 효과적인 기술을 발견했다. 내가 '반으로 자르기 Cutting the Half'라고 이름 붙인 이 기술은 당신이 처음으로 하드 골을설정하는 경우 상당히 유용하다.

## 반으로 자르기

먼저 당신의 하드 골을 장기적인 목표로 설정하고, 마감 시한을계산해보자. 원래부터 시한이 정해져 있는 목표라면 그것을 마감시한으로 잡으면 되고, 그게 아니라면 당신이 언제까지 그 목표를달성하기를 원하는지 생각해보고 그 기간을 정하면 된다.

당신이 하드 골을 달성하려면 1년이 걸린다고 가정하자. 그 1년이라는 시간을 반으로 자르면 6개월, 그렇다면 6개월이 되는 시점에는 당신이 무엇을 얼마만큼 완수해야 하는지 생각해보자. 예를들어, 당신의 목표가 1년 안에 마라톤을 완주하는 것이라고 가정해보자. 물론 당신은 진심 어리고, 생생하고, 필수적이고, 어려운하드 골을 설정했다. 1년 안에 마라톤을 완주하겠다는 목표를 당신이 제대로 수행하고 있다고 확신하려면, 6개월이 되는 시점에는무엇을 완수해야 할까? 아마 당신은 일주일에 4회는 하프마라톤을 완주해야 하고, 장거리를 달리는 동안 어떤 음식물을 섭취해야 하는지 배워야 할 것이다. 만약 당신이 훈련 거리를 명확하게 명시하지 않고 대충 뭉뚱그려서 설정했거나, 그 목표가 얼마나 당신의 진심 어린 마음에서 우러나왔는지, 얼마나 생생하고 필수적이고 어려운지 고려하지 않았다면, 이 목표를 쉽게 포기해버리게 될지도 모른다.

다음에는 다시 6개월이라는 시간을 반으로 자르고, "6개월 동안 달성해야 할 목표를 내가 제대로 수행하고 있다고 확신하려면, 3개월이 되는 시점에는 무엇을 완수해야 하는가?"라는 질문에 답해보자. 아마도 당신은 10킬로미터를 완주해야 하거나, 심박수 측정기 사용법을 알아야 할 것이며, 마라톤용 짧은 바지에 적응해야 할 것이다. 또는 자전거를 타는 자녀들과 함께 동네 산책길을 달릴 수도 있을 것이다.

그 다음 단계는 당신도 이미 예상하고 있듯이, 3개월이라는 시간을 반으로 자르고, "3개월 동안 달성해야 할 목표를 내가 제대로 수행하고 있다고 확신하려면, 6주가 되는 시점에는 무엇을 완수해야 하는가?"라는 질문에 답하는 것이다. 이 질문에 답변했다면 한 번 더 반복하라. "6주 동안 달성해야 할 목표를 내가 제대로 수행하고 있다고 확신하려면, 3주가 되는 시점에는 무엇을 완수해야 하는가?"

이제 당신의 목표 기간이 한 달 미만이 되었으면, 이 과정을 두 번 더 반복하라.

"3주 안에 달성해야 할 목표를 내가 제대로 수행하고 있다고 확신하려면, 이번 주 안으로 무엇을 완수해야 하는가?"

"일주일 안에 달성해야 할 목표를 내가 제대로 수행하고 있다고 확신하려면, 나는 오늘 무엇을 완수해야 하는가?"

이런 과정을 반복하는 데는 세 가지 이유가 있다. 첫째, 당신의 하드 골을 언제 어떻게 진행해야 할지 정확하게 알려주기 위해서다. 둘째, 필요한 경우 당신의 노력을 강화하면서 당신이 하드 골을 주의 깊게 관찰하고 계속해서 추구해갈 수 있도록 만들기 위해서다. 셋째, 당신의 하드 골을 추구하려면 관련 활동을 매일 꾸준히 해야 한다는 사실을 알려주기 위해서다.

이 과정 자체가 당신의 하드 골을 대체하는 것은 아니다. 사실, 오늘도 다음 달에도 변함없이 당신의 목표를 밀고나갈 수 있는 유일한 방법은 강력한 하드 골을 설정해 심리적으로 계속해서 힘을 얻는 것이다. 이 과정은 그저 목표 실행의 첫 번째 단계에서 우선순위를 정할 때 도움이 될 뿐이다. 하드 골에는 어려움이 따르기 마련이다. 하지만 지금까지 설명한 과정을 통해 당신의 목표를 명확하고 체계적으로 분석해본다면, 목표 달성으로 가는 길이 한결 수월해질 것이다.

## 친구에게 전화하기

첫 번째 단계에서 지금 당신이 해야 할 일이 무엇인지 알았다면, 이제 당신의 하드 골을 계속해서 추진하는 데 도움이 되는 기술을 알아볼 차례다.

몇 년 전 나는 여덟 명의 CEO로 구성된 그룹을 대상으로 하드 골 설정법과 관련해 세미나를 개최한 적이 있다. 그들은 모두 1년에 몇 번씩은 다 같이 모여 생각을 공유하고, 토론하고, 서로를 격려하는 강력한 영향력을 지닌 리더들이다. 방해받지 않고 생각할 수 있는 공간이 필요했기 때문에 우리는 카리브해에 있는 앵귈라 섬에서 세미나를 개최하기로 결정했다.

목표를 설정하고, 전략을 짜고, 서로에게 도전의식을 북돋아주는 열정적인 하루가 지나고, 패트Pat라는 CEO가 이렇게 말했다.

"나는 하드 골에 전적으로 동의합니다. 나에겐 이런 목표가 정말로 필요하고, 하드 골이 내 삶을 바꿔놓을 거라고 생각합니다. 그런데 만일 이곳을 떠나 다시 일상으로 돌아갔을 때, 바쁜 회사 업무 때문에 하드 골과 같이 정말로 중요한 일들을 미루면 어떻게 하죠? 만일 내가 계속해서 술을 마시고, 쓸데없는 회의에 참석하고, 하루 종일 이메일만 확인하는 습관을 멈출 수 없다면 어떻게 하죠?"

그러자 크리스Chris라는 CEO가 대답했다.

"패트, 내가 당신을 돕겠습니다. 매일 시간을 정해두고 전화를 해서 당신 상태를 점검할게요. 그리고 나 또한 당신과 똑같은 이유로 두려우니까, 당신도 나처럼 내 상태를 점검해주세요."

크리스가 이렇게 제안하자, 나머지 CEO들도 너나 할 것 없이 둘씩 짝을 지었다. 이는 내가 그동안 생각지도 못했던 너무나 간단하고, 너무나 확실하고, 너무나 쉬운 방법이었다. 진행 방식은 더 쉬웠다. 비서들이 자신이 모시고 있는 CEO에게 날마다 전화를 하라고 알려주기만 하면 되었다. 비서들은 상관이 하던 일을 멈추고 더 중요한 일을 하게 만드는 방면에서는 정말로 뛰어난 전문가들이었다.

이 CEO들은 이후 개인적인 불평을 더 이상 하지 않게 되었다. 그들은 상대방에게 전화를 걸어서 충분히 노력했는지 계속해서 물었고, 상대방이 전화를 걸어왔을 때 자신의 **하드 골**과 관련하여 물어봐주길 원하는 내용으로 몇 가지 질문을 작성했다.

이들이 작성한 질문 중 네 가지는 기본적으로 **하드 골**의 구성 요소를 상기시키는 내용이었다.

- "왜 이 목표를 이루려고 하죠?" (진심 어린 목표)
- "목표를 이룬다면 어떤 모습일까요? 어떤 기분일까요?" (생생한 목표)
- "지금 당장 이 목표가 왜 필요합니까?" (필수적인 목표)
- "이 목표를 위해서 당신은 무엇을 배우고 있습니까?" (어려운 목표)

이런 질문이 의미 있는 까닭은, 하드 골에 대해 더 많이 생각하면 할수록 점점 더 자신의 삶과 목표가 하나가 되기 때문이다. 그들은 쓸데없는 잡담을 하거나 단순히 안부를 묻기 위해 전화를 건 것이 아니었다. 그들은 모두 각자의 마음속에 저마다의 하드 골이 변함없이 단단히 박혀 있기를 원했다.

나머지 질문들은 "목표를 달성하기 위해서 오늘은 무슨 일을 했습니까?"에 해당하는 것들이었다. 반으로 자르기 기술에서 살펴보았던 것처럼, 그들은 기본적으로 "하드 골을 제대로 수행하려면, 오늘 무엇을 완수해야 하나요?"라는 질문으로 시작했다. 그런 다음, 특정 주제에 맞는 질문 내용을 만들어 상대방에게 물었다. 이를테면 다음과 같은 내용이었다.

"오늘은 몇 킬로미터를 뛰었습니까?"

"심박수는 얼마였나요?"

"아이들과 보낸 시간이 어땠는지 설명해주겠어요?"

"기록을 갱신하기 위해서 오늘은 무슨 연습을 하죠?"

"오늘 식사는 무얼 드셨나요?"

CEO마다 하드 골이 달랐으므로 질문 내용 또한 각자 달랐으며, 이러한 하드 골은 그들 자신의 목표였기 때문에 각자가 원하는 대로 질문을 수정할 수 있었다.

이 이야기의 핵심은 간단하다. 당신의 마음속에서 가장 중요한 자리에 당신의 하드 골을 놓아두고, 이를 활용해서 앞으로의 심리적 난관들을 헤쳐 나가라는 것이다.

이 책의 서두에서도 말했다시피, 당신은 자신이 원대한 목표를 달성할 수 있을지 의심하겠지만, 나는 당신이 곧 원대한 목표를 달성하리라고 굳게 믿는다. 당신이 이 책을 펼쳤던 바로 그 순간부터, 나는 당신이 의미 있고 중요한 목표를 좇고 있다는 사실을 알고 있었다. 그리고 당신에게는 이미 그럴만한 재능이 있으며, 그러한 목표를 달성할 마음의 준비가 되어 있다는 사실도 알고 있었다. 이 책을 다 읽은 당신은 이제 자신의 뛰어난 재능에 걸맞은 하드골이 무엇인지 이해했을 것이다.

첫발을 내딛는 것은 당신의 몫이며, 결코 어렵지 않다. 그 첫발은 당신이 원하고 마땅히 누려야 할 인생으로 들어가는 거대한 도약이 될 것이다.

---------- 감사의 글 ----------

이 책을 위해 애써주신 고마운 분들이 너무나도 많다. 우리 연구팀의 수많은 연구원과 트레이너들, 그리고 수백 명의 멋진 고객들 한 분 한 분께 감사를 전한다. 그들의 노력이 없었다면 이 책은 존재할 수 없었을 것이다.

그리고 이 책이 특별해질 수 있도록 각별히 애써주신 몇몇 분들께도 감사의 마음을 전하고자 한다. 세계적인 임상심리학자 안드레아 부르지오 머피Andrea Burgio-Murphy 박사는 나의 아내이자 인생의 동반자로 언제나 내 이야기를 들어주는 사람이다. 우리는 고교시절 첫 데이트를 했고, 나는 그날 이후로 매일 아내에게서 무언가를 배웠다. 내가 개인적으로, 또 직업적으로 발전할 수 있었던 것은 모두 아내 덕분이다.

린 애들러Lyn Adler는 훌륭한 저술가로 지난 몇 년 동안 나와 함께 작업을 해왔다. 린의 도움이 없었다면 산더미처럼 많은 연구물과 인터뷰에서 핵심적인 사항만을 추려내어 《하드 골》을 완성해내는 것은 불가능했을 것이다.

또 우리 회사 부사장 니콜 조단Nicole Jordan은 내가 이 책을 집필하느라 몰두하고 있는 동안 내 업무를 기꺼이 맡아서 대신 수행했다. 그 임무 자체가 하드 골이었으며, 그녀의 성과는 뛰어났다. 리더십 아이큐Leadership IQ 팀의 코리 라더버그Corey Laderberg, 사라 커스팅Sarah Kersting, 켈리 러브Kelly Love, 짐 영Jim Young에게도 감사의 인사를 전한다.

데니스 호프만Dennis Hoffman은 뛰어난 기업가이며, 그의 우정 어린 조언이 《하드 골》을 포함한 나의 모든 저서에 긍정적인 영향을 끼쳤다. 존 쉬핸John Sheehan은 훌륭한 친구이자 정보 분석의 대가로, 그의 통찰력은 언제나 연구의 질을 향상시킨다. 그리고 일레인 레스페랑스Elaine L' Esperance, 안토니 니베라Anthony Nievera, 필 루빈Phil Rubin, 데이브 브로티건Dave Brautigan, 케빈 앤드류스Kevin Andrews, 네드 피치Ned Fitch, 톰 실베스트리니Tom Silvestrini는 내가 하드 골에 대한 생각을 구체화하는 데 큰 도움을 주었다.

마지막으로 이 책의 필요성을 인식하고 출간을 결정해준 맥그로힐McGraw-Hill의 편집장 메리 글렌Mary Glenn에게 특별히 감사한다. 메리를 비롯한 맥그로힐 직원들과 함께 일해보니, 최고의 사상가들이 왜 그들과 일하고 싶어 하는지 분명히 깨달을 수 있었다.

# 주석

## 1장 진심 어린 목표

1. Lyle Nelson, 저자 인터뷰, 2010년 5월.

2. Roland G. Fryer Jr., "Financial Incentives and Student Achievement: Evidence from Randomized Trials," 하버드대학 EdLabs연구소와 전미경제조사연구소 합동 연구, 2010년 4월 8일.

3. Amanda Ripley, "Should Kids Be Bribed to Do Well in School?" *Time*, 2010년 4월 8일, http://www.time.com/time/nation/article/0,8599, 1978589-3,00.html.

4. Tess Koppleman, "Real Life Superman Saves Young Girl's Life," *Chicago Tribune*, 2009년 12월 18일, http://www.chicagotribune.com/news/wjw-supermansaveslittlegirl,0,570673.story.

5. Andreas Bartels and Semir Zeki, "The Neural Correlates of Maternal and Romantic Love"(Welcome Department of Imaging Neuroscience, University College London, 2003년 11월 13일), *NeuroImage* 제21권(2004): 1155-1166.

6. Amos Tversky, *Preference, Belief, and Similarity: Selected Writings*(The MIT Press, Cambridge, MA, 2003).

7. 같은 책, 888쪽.

8. Deborah A. Small, "Sympathy and Callousness: The Impact of Deliberative Thought on Donations to Identifiable and Statistical Victims" (University of Pennsylvania, 2006년 3월 3일), http://sciencethatmatters. com/wp-content/uploads/2007/04/small06sympathy.pdf.

9. Maurice R. Schweitzer, "Beware the Harmful Effects of Goal-Setting," *Bloomberg Businessweek*, 2009년 4월 3일.

10. "Our Philosophy," Google 기업 정보, http://www.google.com/corporate/tenthings.html.

11. Susan J. Curry and Edward H. Wagner, "Evaluation of Intrinsic and Extrinsic Motivation Interventions with a Self-Help Smoking Cessation Program," *Journal of Consulting and Clinical Psychology* 제59권 2호 (1991): 318-324

12. Kevin G. Volpp et al., "A Randomized, Controlled Trial of Financial Incentives for Smoking Cessation," *The New England Journal of Medicine* 제360권 7호(2009): 699-709.

13. E. Tory Higgins et al., "Increasing or Decreasing Interest in Activities: The Role of Regulatory Fit," *Journal of Personality and Social Psychology* 제98권 4호(2010): 559-572.

14. M. R. Lepper, D. Greene, and R. E. Nisbett, "Undermining Children's Intrinsic Interest with Extrinsic Reward: A Test of the 'Overjustification' Hypothesis," *Journal of Personality and Social Psychology* 제28권(1973): 129-137.

15. "The engineer's life," google Jobs, http://www.google.com/jobs/lifeatgoogle/englife.html

## 2장 생생한 목표

1. John Medina, *Brain Rules: 12 Principles for Surviving and Thriving at Work, Home, and School*(Seattle: Pear Press, 2008), 234.

2. Chris Delp and Jeffrey Jones, "Communication Information to Patients:

The Use of Cartoon Illustrations to Improve Comprehension of Instructions," *Academic Emergency Medicine* 제3권 3호(2008): 264–270.

3. Deborah Nelson and Kim–Phong L. Vu, "Effects of a Mnemonic Technique on Subsequent Recall of Assigned and Self–Generated Passwords," *HCI* 제8권(2009): 693–701.

4. Nanci Bell, *Visualizing and Verbalizing: For Language Comprehension and Thinking*(Nancibell Inc, 2007).

5. Sarah Blaskovich, "Success Stories–Brian Scudamore: Trash Is His Treasure," *Success* Magazine, http://www.successmagazine.com/ success–stories–brian–scudamore/PARAMS/article/688.

6. Stephen, J. Hoch, Howard C. Kunreuther, and Robert Gunther, *Wharton on Making Decisions*(New York: Wiley, 2004).

7. Carmine Gallo, *The Presentation Secrets of Steve Jobs: How to Be Insanely Great in Front of Any Audience*(New York: McGraw–Hill, 2009).

8. John Medina, *Brain Rules*(Seattle: Pear Press, 2008).

9. Allan Paivio, "Mental Imagery in Associative Learning and Memory," *Psychological Review* 제3권(1969): 241–263.

10. John Jacob O'Neil, *Prodigal Genius: The Life of Nikola Tesla* (Albuquerque: Brotherhood of Life, 1994), 257.

11. Richard P. Feynman, *Surely You're Joking, Mr, Feynman!(Adventures of a Curious Character)*(New York: W.W.Norton & Company, 1997).

## 3장 필수적인 목표

1. T. J. Potts, "Predicting Procrastination on Academic Tasks with Self–Report Personality Measures"(doctoral dissertation, Hofstra University),

*Dissertation Abstracts International* 제48권(1987): 1543.

2. J. Harriott and Joseph R. Ferrari, "Prevalence of Procrastination among Samples of Adults," *Psychological Reports* 제78권(1996): 611-616.

3. Joseph R. Ferrari, Kelly L. Barnes, and Piers Steel, "Life Regrets by Avoidant and Arousal Procrastinators: Why Put Off Today What You Will Regret Tomorrow?" *Journal of Individual Differences* 제30권 3호 (2009): 163-168.

4. R. Neal Axon, W. David Bradford, and Brent M. Egan, "The Role of Individual Time Preferences in Health Behaviors Among Hypertensive Adults: A Pilot Study," *Journal of American Society of Hypertension* 제3 권 1호(2009): 35-41.

5. Suzanne B. Shu and Ayelet Gneezy, "Procrastination of Enjoyable Experiences," *Journal of Marketing Research*, 2010. http://www. marketingpower.com/AboutAMA/Document/JMR_Forthcoming/Procrast ination_Enjoyable_Experiences.pdf.

6. Richard H. Thaler and Shlomo Benartzi, "Save More Tomorrow: Using Behavioral Economics to Increase Employee Saving," 시카고대학과 UCLA Anderson School 합동 연구, 2003년 7월. http://economics. uchicago.edu/download/save-more.pdf.

7. Sheena S. Iyengar and Mark R. Leeper, "When Choice Is Demotivating: Can One Desire Too Much of a Good Thing?" *Journal of Personality and Social Psychology* 제79권 6호(2000): 995-1006.

8. Sheena S. Iyengar, G. Huberman, and W. Jiang, "How Much Choice Is Too Much? Contributions to 401(k) Retirement Plans," in *Pension Design and Structure: New Lessons from Behavioral Finance*, ed. O. S. Mitchell

and S. Utkus(Oxford University Press, 2004), 83-95.

9. Dan Ariely and Klaus Wertenbroch, "Procrastination, Deadlines, and Performance: Self-Control by Precommitment," *Psychological Science* 제 13권 3호(2002): 219-224.

10. Irwin P. Levin 외, "A Tale of Two Pizzas: Building Up from a Basic Product Versus Scaling Down from a Fully Loaded Product," *Marketing Letters* 제13권 4호(2002): 335-344.

## 4장 어려운 목표

1. Christopher Percy Collier, "The Expert on Experts," *Fast Company*, 2006 년 11월 1일.

2. Geoff Colvin, *Talent Is Overrated: What Really Separates World-Class Performers from Everybody Else*(New York: Portfolio Hardcover, 2008년 10월).

3. Gary P. Latham and J. James Baldes, "The 'Practical Significance' of Locke's Theory of Goal Setting," *Journal of Applied Psychology* 제60권 1 호(1975): 122-124.

4. Siegfried Gauggel and Jutta Billino, "The Effects of Goal Setting on the Arithmetic Performance of Brain-Damaged Patients," *Archives of Clinical Neuropsychology* 제17권(2002): 283-294.

5. John Medina, *Brain Rules*(Seattle: Pear Press, 2008), 74.